一流の人はなぜそこまで、習慣にこだわるのか?

仕事力を常に120%引き出す自己管理

小川晋平 Shimpei Ogawa | 俣野成敏 Narutoshi Matano

クロスメディア・パブリッシング

はじめに

漠然と毎日を過ごしていても一向に人生が好転する気配がないと感じているのなら、それは成果を生まない悪習慣を続けていることが原因かもしれません。そういった悪習慣を、「成果を生みだす習慣」に少しずつ変えていくことで、新しい視界が開けてきます。かつての私がそうだったように。

「習慣を変える方が楽ですよ！」

これが本書で最も伝えたいことです。

とは言っても、長年の習慣を変えることは一筋縄ではいきません。何やら大変そうで、第一、面倒くさいと思われる方もいるでしょう。

実はそう思ったあなたにこそ、読んでいただきたい本です。

成果を出すことについて徹底的にフォーカスをしていますが、他の習慣化の本にありがちな「無理なこと」「無謀なこと」は一切、奨励しません。なぜなら、習慣化する際に一番大切な問いかけは、「それを一生続けられるのか？」だからです。様々な習慣の例を挙げていますが、その一部が読者の方にとって「一生続けるほど重要なことではない」と思うのであれば、読み飛ばしていただいて構いません。

一生続けられて成果が出ることだけを習慣として取り入れていく。そのとき、自分の好き嫌いを基準にするのではなく、好き嫌いの余地を入れないようにする。これを正しい要領で行うと、もはや道に迷うことはなくなります。

そのエッセンスを少しでも理解していただくことができたら、「時間」、「お金」、「周囲からの評価」などに対する体感価値は間違いなく上がります。そこで成果を出す喜びに気付いたあなたは、自然と自分を律する重要性を学び、自立したビジネスパーソンへの道を歩んでいくことができるはずです。

本書の共著者である小川晋平さんは、29歳ですでに9社を経営されている天才肌の起業家で、自己管理を語らせたら右に出るものがいないほど自分を律する術を身に付けている逸材です。

小川さんには次世代を担うアラサーのビジネスパーソンを代表してもらい、私は長年に渡るサラリーマン経験をベースにした一流の会社員が身に付けておきたい習慣について、意見をぶつけ合いながら書き尽くしたつもりです。

本書で語られることは私たち2人がこれまで多くの失敗を繰り返しながら得ることができた経験や学びのなかから、確信を持って紹介できる習慣についてのみ取り上げています。

周囲のビジネスパーソンが気付いていない武器を手に入れて、自分がやりたいようにビジネスを進められる習慣術を手に入れてください。

俣野成敏

CONTENTS

第1章

一流と二流を分ける「朝の習慣」

第2章

仕事が最速で動く「昼の習慣」

第3章

人脈と可能性を拡げる「夜の習慣」

第4章

脳と体のキレを上げる「毎日の習慣」

第5章

成長を加速させる「毎週・毎月の習慣」

第6章

視座を高める「毎年の習慣」

第7章

志を貫く「一生の習慣」

第1章

一流と二流を分ける「朝の習慣」

First-class morning habits

1 夜型人間が朝4時起きになれた理由

私、小川は数年前までSEをしていて、完全な夜型人間でした。残業代を目当てにダラダラと会社で過ごし、朝起きるのは始業の40分前。かろうじて寝グセを直して会社に駆け込む毎日です。

そんな私は今、毎朝4時に起きています。

早起きを続けている理由は、端的に言えば、誰にも邪魔をされない時間が増え、生産性が上がり、成果が出せるからです。

わざわざそんなことを私が言わなくても、「早起きは三文の徳」と昔から伝えられてきていますし、他のビジネス書を開けば必ず書いてあります。

しかし、多くの人は理屈を理解しても実践できません。

私もかつて早起きに何度も失敗し、その度に自己嫌悪に陥っていました。ようやく生活サイクルを変えることができたのは、朝活がきっかけです。

そもそも朝活を始めたきっかけは、ボランティア組織の運営を通してマネジメントを学ぶ有効性を説いたドラッカーの名著『非営利組織の経営』（ダイヤモンド社）に刺激を受けたからです。現代版のボランティア組織の運営とはいったいなんだろうと考えた結果が読書会を主宰すること。元来、人ともっと会いたいと思っていた当時の私にとっては理想的な活動に思えたのです。

おそらくそう言うと、「早起きに失敗していた人間が、なぜ突然、朝活をやったら起きられるようになったのか？」と思われるかもしれません。

私もこうして本を書いているのですから、ここで本当なら劇的なテクニックを紹介したいところです。

ただ、私は正直、「やる理由があったから、できる方法を見つけた」としか言えません。でもこれが本当に大事なことだと思います。

最初は多少辛くても、時差ボケと同じで体内時計が順応してしまえば何も問題はありません。「そこまでいかに持っていくか？」というところを、私は朝活の予定を入れることによってクリアしました。

「私は毎朝4時起きしている」と人に言うと、「どうしてそんなに辛いことができるの？」とよく聞かれますが、私は別に辛いと思っていません。

たとえるなら、習慣とはクルマのようなものです。

スポーツカーのアクセルを踏むのと、軽自動車のアクセルを踏むのとで、どちらが力がいると思いますか？

ふたつとも大した違いがないでしょう。

しかし、実際に出るスピードは段違いです。

毎日23時まで残業して、就寝は2時。翌朝ギリギリに出勤して、昼に居眠りをしているような生活の中、自己啓発書を読んで人格を変えようとしたり、タスク管理をして効率を上げようとしたりしたって、限界があります。**軽自動車をいかに上手く運転しても、時速200キロは出ません。**

そういう苦しい生活を送る人から見れば、私はすごく頑張っていそうに見えるかもしれませんが、実際のところ私はアクセルすら踏むことなく、慣性のままに、時速200キロが出ています。

逆に、4時起きと9時起きを明日から交互に繰り返せと言われたら、私は5日と持ちません。

人生で成し遂げたい何かがある。

そこまでとは行かずとも、1年、1ヶ月以内にやりたいことがある。

もしそうなら、明日から、朝4時起きを1週間続ける理由を作ってください。

この本で紹介していく話は、ときに過激に映るかもしれません。ただ、大変なこと、他人から見たら過激に映ることほど、習慣にした方がラクになることは、本書を読み進めればわかるはずです。

頑張らずに成果を出し続けるのが一流

2 やることがなければ早起きできないのは当たり前

朝活を始める以前の私は、早起きすることが目的だと思っていました。要は「早起きすれば何かいいことがある」という思い込みしかもっていなかったのです。ただ、早朝に目覚ましでたたき起こされても、やることがなければ二度寝の誘惑に勝てるわけがありません。

本来、早起きすることは、「やりたい／やりたくない」の基準で考えた場合、ほとんどの人はやりたくないことです。やりたくないことをはっきりとした動機付けもなく実行に移せるほど私の意志は強くありませんでした。

一方、朝活は明確な目的であり、なおかつ私にとって「やりたいこと」。その手段としての早起きならできました。それに、私は人との約束は絶対に守る性格でしたので、早朝であってもアポが入っていればすぐに布団を抜け出せます。

現在では、私の早起きの目的は朝活から自分の社業のために変わりました。そして、日々、早起きの成果を実感しています。

成果と書きましたが、自己管理において成果を出すという考え方は非常に大切になります。

さきほどの「やりたい／やりたくない」の基準に、「成果が出る／出ない」の基準を加えて考えたとき、**自己管理の対象としてフォーカスすべきは「やりたくないけど成果が出る」、左上の領域のことです**（下図）。

「やりたくて成果が出る」ことはすで

何を自己管理すべきなのか?

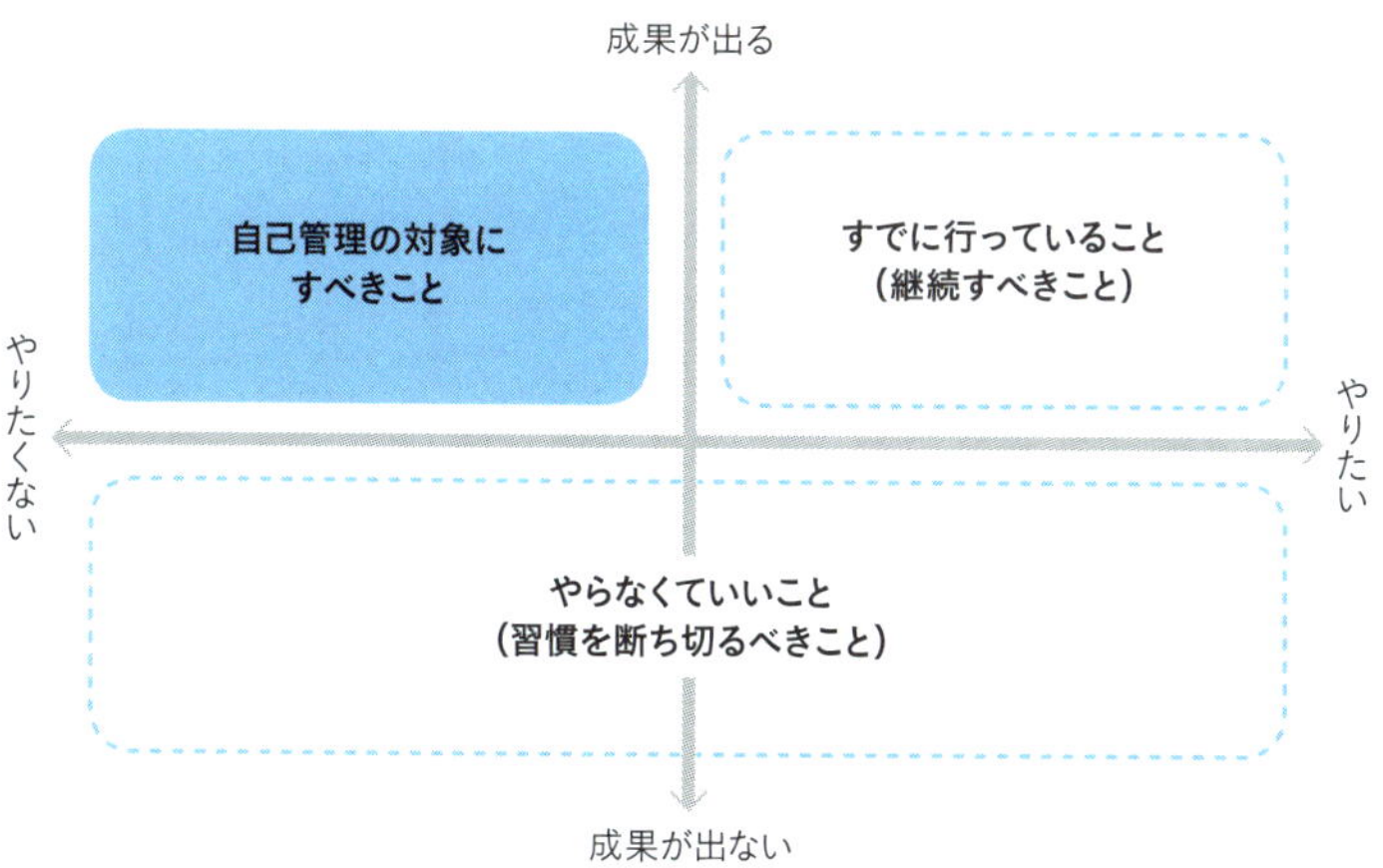

にやっているはずですし、「成果が出ない」ことに労力を割くのは時間のムダです。一方で、「やりたくないけど成果が出る」領域に気付くことができる人は少ないので、なおさら価値があります。

保野がビジネスパーソンを対象とした私塾で教えていることのひとつに「2WCH」という独自の考え方があります。Why-What-Can-How の略です。

①Why＝志（なぜそれをやるのか？）
②What＝願望（何をしたいのか？）
③Can＝可能性（実現可能性があるか？）
④How＝手法（どうやったらできるのか？）

ビジネスで上手く行くときは、必ず①と②から順に物事を決めたときです。他方、伸び悩んでいる人の多くは、③や④の可能性や手段・手法から先に考える傾向があります。

手法論、つまり今回のケースでは「朝早起きすること」から考えてしまうと、どうしても「やりたくない」「大変そう」「面倒くさい」と言い訳を作るのは当然です。そうではなく、①の志や②の願望、**つまり「成果を出すこと」を最優先して物事を決めていけば、少なくとも自分の好き嫌いだけで物事を判断しないようになれます。**

世の中のビジネスマンで早起きが好きだからという理由だけで早起きをしている人はいません。早起きをすることで何かしらの成果を得られるからこそ早起きをしています。

やりたくないけど成果が出ることを習慣化する

3 朝はテレビもスマホも新聞も見ない

私、小川は毎朝4時半には出勤して、そこから約1時間を自分の集中タイムに充てています。自分がその日やるべき仕事で最も重要なことは家を出るまでに考えておき、集中タイムの間はそれだけを徹底して行います。

朝4時に起きてから集中タイムが終わるまでの約1時間半、スマホは機内モードにし、パソコンも開かず、新聞も読みません。テレビはもともと観ないので、外部情報を完全に遮断することができます。もし仕事でパソコンを開かないといけないときでもメールやメッセンジャーなどは触りません。

外部から情報が入ってくれば人はそれを処理しようと頭が勝手に動いてしまいます。とくにコミュニケーションツールが顕著で、「あとで返事をしないといけない」と一瞬でも考えてしまうと、それだけで集中力が邪魔されます。

私が早朝に集中タイムを確保しているのは、絶対に邪魔されない自分だけの時

間を確保するためです。

とくに経営者にとって最も重要な仕事は意思決定です。「単純作業」ならいくら小間切れになっても成果は出せますが、「考える作業」だけはまとまった時間が必要になります。

始業時間になったら部下や取引先からひっきりなしに連絡が入ってくる事実も変えようがありません。

だからこそ、仕事で成果を出すために人より早く起き、外部情報を遮断して集中できる時間を作る。ただ、それだけの話です。

ここで大切なのは、自分の生活の中でコントロールできることと、できないことを明確に見極め、コントロールできるところを増やしていくことにあります。

コントロールできることはすべてコントロールする

4 朝飯前こそ重要なことをする

「そんなの朝飯前だ」という表現は、一般的に「簡単にできること」を意味します。しかし、むしろその日こなすべきこと、または自分がしたいことで最もエネルギーを消耗することを朝飯前に行うと、成果が出やすくなります。

ごはんを食べると消化にエネルギーが使われて眠くなり、パフォーマンスが落ちるのは動物として自然のことです。逆に、飢餓状態のときほど生存本能が刺激されて神経が研ぎ澄まされます。それを活用できるのが朝飯前です。

小川は朝7時にいったん帰宅して家族と朝食を取るので、早朝の集中タイムは「朝飯前」に行っていることになります。

習慣を変えることは、当たり前を見直す作業です。

朝起きてすぐにご飯を食べることが当たり前になっている人は、本当にそれが最善の選択肢なのか自問してみてください。それ以外の選択肢もあることを覚えておいて損はないと思います。

人の睡眠はスマホの充電と同じで、十分な睡眠を取れていれば起床後のエネルギーは100%。そこから何かアクションを起こす度にエネルギーを消耗していきます。

アフターファイブのジム通いや英会話レッスン通いで挫折してしまう人は、この残存エネルギーをあまり考えていないことが原因のひとつです。通勤と仕事でエネルギーを消耗しきったあとにどれだけエネルギーが残っているかどうかは、夜になってみないと分かりません。再現性がなければ安定して成果を出すことが難しくなるのも仕方ない話です。

自分にとって運動することや英会話レッスンが本当に重要なら、なるべく一日の早い段階で行ってみてください。ものすごくシンプルな考え方ですが、自分の立てた優先順位通りにタスクをこなしているわけですから確実に成果は出ます。とくに会社員は一度出社してしまうと時間が拘束されますからなおさらです。

何よりビジネスパーソンにとって最もエネルギーを消耗する作業は頭を使うこ

とでしょう。世の中の経営者が大事な意思決定を午前中に済ませ、午後は人に会う時間などにあてているのもうなずけます。

一日のスケジュールを考えるときは、今の自分にとって重要なことは何かを考え、その中でもとくにエネルギーを使うことからこなしていく。

ちなみに、そこで毎朝同じタスクを課す必要はまったくありません。

よく質問される「朝をどう活用するか」というテーマは、非常に狭い話であって、私にとっての朝活や1時間の集中タイムは「一日をどう良くするか」「どんな自分になりたいのか」という問いの中から行きついた時間配分の一例に過ぎません。重要なのは、いかに成果を出し続けられるかです。

残存エネルギーを意識しながら一日の使い方を考える

5 成果を出したいなら通勤時間を短く

私は毎日、自転車で通勤しています。時間にして約5分。軽い運動にもなりますし、満員電車のストレスもないので気に入っています。

自分の会社ではありますが、自宅近くに事務所を借りたわけではなく事務所の近くに家を探しました。以前、事務所の隣に住んだこともありますが、あまりに至近距離だと公私の区切りが付きづらくなり、逆に自宅に帰らなくなってしまったので、絶妙な距離を選んだつもりです。

参考までに世界中の経営者や経営幹部の平均的な片道通勤時間は32分30秒であるのに対し、日本は39分6秒（日本リージャス調べ。2014年データ）。これだけ狭い国土で交通インフラが整っているにも関わらず、世界平均より2割増しだそうです。

ビジネスマンにとって通勤時間が長いことは相当な損失です。

デメリットを挙げるとするなら以下の3つです。

① エネルギーの浪費（→アウトプットの低下）
② 時間の浪費（→機会損失）
③ 交通費増加（→会社への貢献度低下）

本人と会社にとって良いことはひとつもありません。

もしあなたが「家賃が安いし、交通費だって会社が出してくれるから」という理由だけで長い通勤時間を毎日浪費しているなら、今すぐその発想を変えていきたいところです。


ちなみに年間出勤日数を245日とした場合、片道1時間半かけていた人が片道30分になったとしたら、1年間で490時間も可処分時間（自由な時間）が増えます。日数で言えば20・4日。一日8時間の営業日計算では61・25日です！

すでに成果を出している世代ならまだしも、これからもっと経験を積んで成果を出していかないといけない若いビジネスパーソンが犠牲にする時間にしては、あまりに大き過ぎます。

「電車だと本が読めるから別に通勤時間が長くても気にしない」という人もいますが、毎日、読書をしたいわけではないはずです。その時間で、他の趣味や、デート、家族サービスだってできます。

チューリッヒ大学の調査によると、**通勤時間が22分増えたときの幸福度の低下を補うためには、収入が3分の1増えないといけないそうです。**通勤時間が伸びたおかげで仕事

長い通勤時間はビジネスマンの大敵

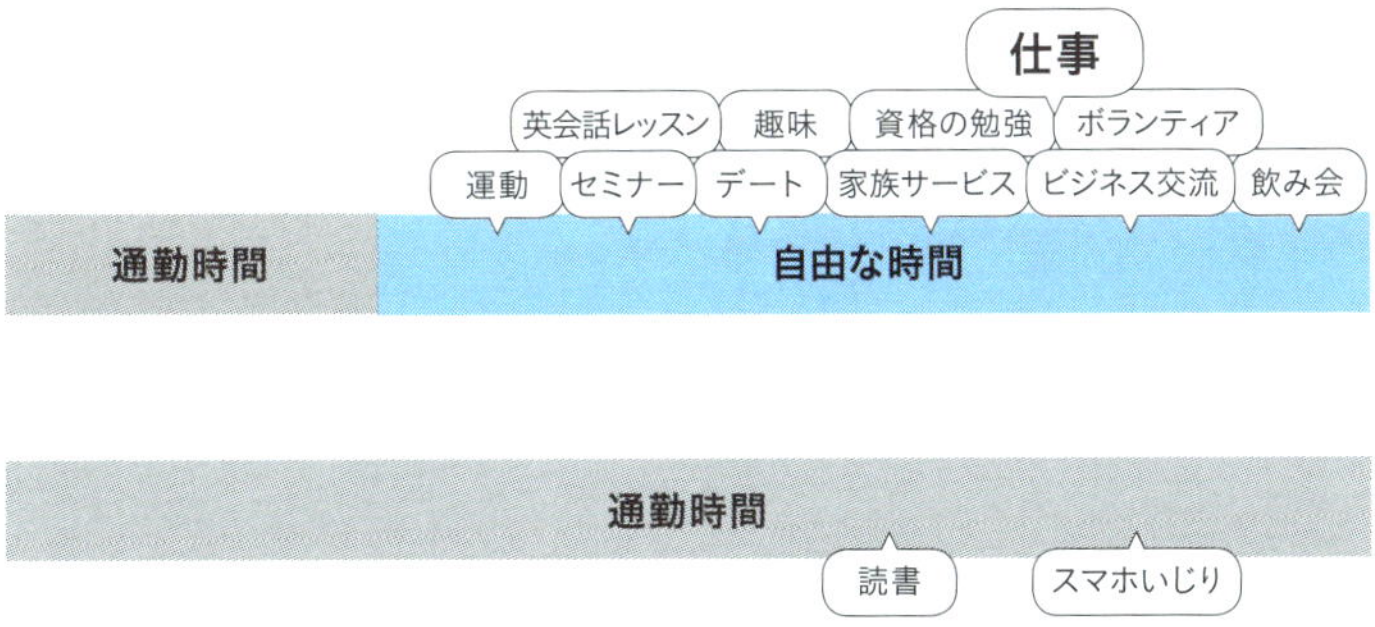

1日2時間 × 245日 ＝ 490時間（20.4日）＝ 61.25営業日

（1営業日＝8時間換算）

の成果が上がったという話は聞いたことがないので、普通の会社員であれば確実に幸福度が下がるということです。

中には自然に囲まれた暮らしが好きという人もいます。そういう人は自分の目標とするライフスタイルを実現しているわけですからうらやましい限りです。しかし、一番問題なのは、お金を稼ぎたいと思っている人が長時間電車に揺られているケースです。

固定支出の家賃と生活費を下げたい気持ちはわかります。お子さんもいて広い住宅が必要な方はとくにそうでしょう。**しかし、時間と体力を浪費する状況にずっと身を置いたところで、いつかその状況が好転するとは思えません。**おそらく当の本人も、そのことを薄々自覚しているはずです。本当にこのままの生活を続けていいのかと。そして気付いたら郊外にマイホームを買ってしまい、身動きが取れなくなってしまう……。

低位で安定してしまった状況がどうしても嫌なのであれば、どこかで自分の生活パターンを変えなくてはいけません。

一番意味がないのが意識を変えること。例えば「決心」などです。行動を変えない限り、何も変わりません。

生活パターンを変えることで一時的に給料が下がったり、部屋が狭くなったり、家賃が高くなったり、単身赴任をせざるをえなかったりと、多少の痛みが伴うかもしれません。しかし、それを先行投資だと考えて、利回りが得られると期待できるなら、真剣に投資を検討する価値があるのではないでしょうか。

そもそもコストとは、リターンを上げるために使うものです。

「時間」というコストをかけて、浮いた家賃で「お小遣い」を得ることが正しいのか、それとも「引っ越し代」や「家賃」といったコストをかけて、時間を得て、結果的に「生涯年収を増やす」ことが正しいのか、どちらが長期的なゴールとしてふさわしいのかという話です。

少なくとも独身のビジネスマンで成功したいと思っている人がいれば、迷わず職場の近くに引っ越すことをおすすめします。

私もかつて会社員をしていたとき、東京港区にあった会社の近くにボロアパートを借りて暮らしていました。とにかく自由な時間を増やして、自分にとって大きな刺激となる先輩たちとの交流を深めたかったからです。

一流の人は自分の意思でどうにもならないことに悩むことはせず、コントロールできることだけに集中して自分を変えていくチカラを持っています。

今の会社を辞める気がないなら、会社の場所はコントロールできませんが、住む家はコントロールできます。

家庭の事情で引っ越せないなら、住む家はコントロールできませんが、働く会社は自分の意志で決められます。

自分が変わりたいなら、できるだけ大きなことから変えていきましょう。

現状を変えたいなら大きなことから変えていく

6 あえて「やり残し」から手をつける

車と同様、仕事をするときもある程度の暖気が必要です。

俣野は毎朝、一日のスケジュールを整理することから始めることで朝のペースを作っています。「今日はこの人に会える」と思いを巡らせるだけで一日が楽しみになれますし、タスクが明確なので実作業にも迷いなく入っていけます。

どれだけ暖気が必要なのかは人によって違いますが、始業時間から1時間経っても仕事に集中できない人もいます。そしてスロースターターの多くは、いきなりヘビーな仕事から取り掛かろうとする傾向があります。

そんなスロースターターにおすすめする方法は、あえて前日に仕事をやり残して帰ることです。簡単な仕事を残すのがポイントです。

前日の夜にメールの返信を片付けていたとすれば、1件だけ未返信のまま帰ります。 すると翌朝はやることが明確なので集中力が変わります（きっと寝坊もしません）。しかも、確実に完結する仕事なので軽い達成感も味わえます。

「エンジンがかかるのに時間がかかる」というのはその人の特性です。弱みと言ってもいいです。人の弱みを克服するのは困難ですが、目的は成果を出すことであって完璧な人間になることではありません。弱みをカバーして目的を達成するにはどうしたらいいのかを考えることが先決です。

自分の弱みのメカニズムを知る

Column

「指定席にお金を払う」は一流の習慣なのか？

指定席は不自由席。

自由を得たいなら自由席。

みなさんも出張で新幹線に乗ることが多いでしょうが、小川は基本的に自由席に座ります。

単純に指定席に座るメリットよりデメリットの方が大きいからです。

まず、決まった時間に乗らないといけません。乗車直前に大事なお客さんから電話がかかってきたらと考えるだけも怖いです。また、席も決められますから、「あの席空いたから席をうつろう」と思ってもできません。

そして、料金が高いことも謎です。指定席はＪＲからすれば売上予測の立つ優良顧客なのになぜプレミアム料金を取るのかと。で、その料金で保証されるのは座れることだけ。サラリーマンの生き方と凄く似ていませんか？

そもそも指定席を買わないと座れないような時間帯の移動は避けていますし、

仮に自由席で座れなかったら普通の指定席を飛ばして、快適さを得られるグリーン車を選びます。実は、3回自由席に座れたとしたら、その後1回グリーン車に乗ってもトータルの支出は変わらないのです。

支出が変わらないなら自由を得たほうが良いと思いませんか？

普段は質素な生活して、たまに一流レストランで食事をする発想と同じで、自由を満喫するというのは、そういうことだと思います。

自由度の高いタクシーも積極的に使います。都内限定で言えば車を持つよりタクシーを使った方が断然安いですし、タクシー代をケチって30分歩くくらいなら、700円ちょっと払った方が時給で考えればより生産的です。

また、飛行機に乗るときはギリギリまで乗りません。空港にもギリギリに行くことが多いですが、もし早く行った場合も最終搭乗のアナウンスがあるまでラウンジでずっと仕事をしています。

いくら早く並んでも、飛行機は着く時間が同じです。それなら滞在時間をできるだけ減らして仕事をした方がいいと思います。

第2章

仕事が最速で動く「昼の習慣」

First-class afternoon habits

1 自分とのアポを入れる

スケジュールを組む調整力はビジネスマンにとって必須のスキルです。しかし、スケジュールをビッチリ埋めることに価値はありません。

むしろ、予定は余裕を持たせることが理想です。

予定が埋まるということは重要な用事が入ったときに断わらざるをえない状況になること。機会損失のリスクが出てきます。

俣野が会社員時代から実践しているのは、自分にとって本当に大切な人とのアポイントを入れるときに白紙のスケジュールを渡してあげることです。「あなたとの時間が最優先です」と宣言することが最大のリスペクトになります。

実際は予定が入っていたとしても「来週ならいつでも構いません」と言ってしまうのです。「よりによってここ⁉」と思う日時を指定されることもありますが、どうしてもつかみたい大きなチャンスであれば迷わずそうします。

もし、スケジュールがどんどん埋まるばかりで自分の時間が確保できない環境にいるなら、自分とのアポを入れてみてはどうでしょう。文字通り、スケジューラーに「16〜17時、俺」と書いてしまうのです。

普段タスクに追われて自分にとって重要なことができないなら、自分の時間もタスク化してしまえという発想です。**そもそもどうでもいいアポが、他人だからという理由で優先順位が勝る理由が分かりません。**

実はこれ、スティーブン・R・コヴィーの『7つの習慣』で有名になった「緊急ではないが重要なこと」（通称、第二領域）のことです。言い換えるなら「短期的には面倒だけど、長期間放置していたら後々面倒くさいこと」。日常業務に追われていたら、いつまでも経っても時間が取れないこの第二領域こそ、定期的にスケジュールに入れてしまえばいいのです。「やる気」や「モチベーション」に頼らず、淡々と「ルール化」「理由づけ」「残存エネルギーの配分」をするのが習慣化のコツです。

このように、スケジュールは重要なことから埋めるのが基本。

自分の時間に本当に重要な用事が入ってきたら自分とリスケをすればいいだけですし、どうでもいい用事なら「ちょっと先約があるので」と言って断るだけ。ウソではないのですから。

限りある資源をいかに使うかが自己管理の本質です。時間を自分の意思でコントロールできないようでは、いつまで経っても自己管理はできません。

スケジュールは重要なことから埋めその中に自分も組み込む

2 ムダを見極め徹底的に排除する

従業員のスケジュールがクラウドで共有される時代。「こいつヒマだな」と思われたくない一心で予定を埋める心情は少しだけ分かります。ただ、中には「スケジュールが埋まっていないと仕事をしている感じがしない」と言い出す人もいます。これは明らかに本人の意思に問題がありますよね。

スケジュールが埋まっていない自由な時間こそ、自立を目指すビジネスパーソンが常に追い求めているものです。自由な時間を使って自分の采配で仕事をし、人に会い、学び、刺激を受ける。これほど充実した時間はないはずです。

そのせっかくの時間を「価値を生み出さない時間」だと勘違いしているようでは話になりません。

自由な時間を増やす唯一の手段は、ムダを省くことです。

例えば……

・商品に興味を示さないお客様に対して営業を続けること
↓時間のコストパフォーマンスが悪いならそのお客様はあきらめる
・愚痴だらけの飲み会に参加すること
↓社内の人間関係を悪化させない程度に回数を減らす
・移動時間に時間を食われること
↓アポを2つ入れるなど「ついでに」を増やす
・ムダな会議に毎週出ること
↓ただの報告会ならメールで済ます。または生産的な内容に変える

確実に成果が出ないと分かっていることはやってはいけませんが、成果が出るのか分からないのであればとりあえずやってみる。ようは、ムダを排除するためにはムダを知ることが先決。ムダだと知ったら思い切って捨てるか、そのムダをできるだけ回避するための努力が必要になります。

サラリーマン人生で一番惜しいことは、ただでさえ限られた時間の中で成果を出さなくてはいけないのに、**見る人が見れば絶対にムダだと断言できることでも張本人は良かれと思って一生懸命やってしまうことです。**組織の仕組みの中にムダが組み込まれていると、そのムダに気付きづらいからです。

その筆頭が社内会議です。

役職が低く会社の全体像が見えていない若い人にとって、どの会議がムダかどうかの判別などできません。

そこでおすすめするのは、自分には関係がなさそうな会議を含めて、社内のあらゆる会議に一度は出てみてみることです。「勉強の場にしたいので書記係として使ってください」と名乗りでれば、上司も断りづらいはずです。

そうすると、本当にムダだと思える会議が見えてきます。一度でもムダを経験していれば、自分が将来出世をしてその会議に呼ばれるようになるまでに、そのムダを回避するための施策が打てます。

参考までに、会議は本来「意思決定」の場なので、その時間を使って何を決めるのか明確になっていない会議はムダです。報告会などの情報共有レベルであればメールや1対1の口頭ベースで十分でしょう。

ムダかどうかの分別が付いたかどうかを確認する方法は簡単です。「これってもしかしたら有意義かも？」のクエスチョンマークがまだ残っている状態では、分別が付いた状態とは言えません。

ただし、注意点がひとつだけあります。

すべての会議がムダだと感じたら、自分の判断基準が未熟だと思った方が賢明です。「自分以外は異常値だ」と考えるのは理論的にムリがあります。

「やらないこと」を決めるためにあえて「やって」試してみる

3 アタマを使わない努力をする

人間の能力には限界があります。体力もそうですが、思考力もそうです。「3つ以上のことを考えると人の脳はオーバーフローする」と言われることがありますが、普段の仕事ぶりを振り返ってみるとたしかにそれくらいのはずです。重たいアプリを複数開いていればパソコンのメモリが不足して挙動が遅くなるように、人間の脳が同時に処理できる情報量にも限りがあります。

この脳内の作業領域をワーキングメモリと言います。

ワーキングメモリを最大限に使うことで仕事の処理速度や精度が如実に上がります。そのためにはその仕事以外のことで頭を使わない努力が必要です。かのアインシュタインは自宅の電話番号を覚えていませんでした。頭を使うことが仕事の彼にとってワーキングメモリの節約は切実な問題だったわけです（もちろん、アスペルガー症候群であったことも大きな要因だと思います）。

また、フェイスブックのマーク・ザッカーバーグがいつも同じ服を着ていることは有名ですね。彼にとって服を選ぶという行為は「どうでもいいこと」だからです。これもワーキングメモリの節約です。

では、普段の業務でワーキングメモリを節約する方法とはなんでしょうか。最も簡単なのはメモを取ることです。みなさん大事なことはメモに残すと思いますが、それは裏を返すと大事ではないことは覚えておくという意味にも取れます。大事ではないことにワーキングメモリを使うのは勿体なさ過ぎます。**忘れる努力をするために取るのがメモの目的です。**

例えば経理から「今週中に出張費の清算お願いします」と声をかけられたとします。普通の人は「なんだ、そんなことか」と思ってメモをしません。すると奥さんからラインが入って「帰りに牛乳買ってきて」と言われます。その時点で覚えることは2つに。こうした小さな積み重ねがワーキングメモリを圧迫していきます。

小川はメモがわりの付箋をいつも身に付けています。短期記憶（これがワーキングメモリの本来の意味）のかわりに使うものなので付箋で十分。アプリなどで管理しだすと、些細な用事のときに使わないので意味がありません。

メモの話で言えば、セミナーなどに参加する社員に対しては「板書をそのままメモするな。気付きを書いてこい」と口酸っぱく言っています。なぜなら大半のセミナーは、講師の話よりも自分が得たヒントや学びに価値があるからです。

ノートの整理術で有名な高橋政史さんが「メモとノートは違う。メモは記録するためのもの。ノートは考えるためのもの」と仰っていますが、まさに言い得て妙。労力をかけるならメモよりノートです。仮に板書を記録する価値があるなら、写メでとってクラウドに上げておけばいいだけです。

ワーキングメモリを節約して思考力の容量を増やす

4 迷いが出るまでの5秒で決まる

一定のペースで仕事ができれば理想ですが、それができるのはロボットだけ。人はそのときのモチベーションやコンディションに容易に左右されます。

それが良い悪いという話ではなく、それが人間です。

ビジネスマンは一定の成果を出すことができれば十分。多少の波があっても一日を終えて成果が出ていれば誰からも文句は言われません。

ちなみに、人のやる気は5秒で終わると言われています。

少しでも成果を出したいなら**やる気スイッチが入った瞬間を見逃さないで、すぐにアクションを起こせば成果が期待できるということです。**このたった5秒の習慣術で、大きな成果を出すことができます。

誰かとアポを取りたいと思い付いたら、即座にメッセンジャーソフトを立ち上げ「来週、会えませんか？」とメッセージを送ってしまうのです。これなら5秒で終わります。

ただ、そこでフェイスブックを開いてはアウト。最新投稿をチェックして「いいね！」ボタンをクリックしだすのはもはや現代病なので防ぎようがありません。そうなると5秒などあっと言う間に経過してしまいます。

メールも危険です。メーラーを立ち上げて新規メッセージが入っていたら、どうしてもそちらを先に読んでしまいます。だとしたら最短で動けるメッセンジャーソフト（チャットワークやフェイスブックのメッセンジャー機能だけ）が便利です。

または、何か事業プランを思い付いたとしましょう。

そのときは真っ先に紙に書く。文字にすることでさらにアイデアが湧いてくるかもしれないからです。

付箋では小さすぎるかもしれないので、自分の机から手が届く位置にホワイトボードがあると理想的です。なかったらＡ４の裏紙をいつでも手に取れる位置においておきましょう。このとき「もったいない」と思うことは大損害なので、捨ててもいいものをつかうこと。裏紙だからと言ってアイデアの値段は下がりません。

小川は、昼休みに社員と交わしていた雑談の中から粗利2億3000万の商売を実現したことがあります。そのとき活躍したのも裏紙でした。

ある市場の盲点をついたビジネスでしたが、休み時間中の雑談でしたので、「それ面白い発想だね」だけでスルーしていた可能性もあったわけです。幸い、私の場合はすぐに紙に書きだす習慣があったので、そこで実現可能性を検証してその日の午後には社員に指示を出していました。裏紙を侮ってはいけません。

やる気を逃さない自己管理術は、日常生活でも多用できます。

家のソファでくつろいでいるときにふと「掃除をしよう」と思い立ったら、とりあえず立ち上がって散らかっている洋服を集めてみてください。立ち上がって実際に行動を始めたことがポイントです。そのスタートダッシュの勢いがあればみるみる成果は出ます。

5秒ルールは負のやる気を抑え込むときにも使えます。仕事の最中にどうしてもさぼりたい衝動に駆られたら「とりあえず5秒待て」と言い聞かせてみる。またば、客からの理不尽な電話を終えて机の上のものをぶちまけたい気分になったら5秒間だけ歯をくいしばってみる。

人は自分が思っているより脆いものです。強い意志をもっていると思っていても簡単に惰性へと流れますし、逆に必要性に迫られているにもかかわらず、意欲が湧かないときもあります。

そんなときこそ5秒ルールを上手く使って、自分をコントロールしてみてください。

人のやる気は5秒で終わる

5 サボるときは本気でサボる

朝から晩まで全力で仕事をしている人はいません。仮にいたとしてもそれはきっと締め切りに追われている状態です。人間らしさという点でも、24時間働くことは決して美徳ではないはずです。

私は、就業時間中にジムに行ったり、昼寝をしたり、社員たちとムダ話をしたり、かなり自由にサボっています。早朝のうちに重要な仕事を終わらせているからこそできるわけですが、社員たちにも自己裁量でサボるようにしてもらっています。

サボると言っても仕事をしている時間の方がはるかに長いわけですから、会社にとって不利益にはなりません。むしろ適度にリフレッシュしてもらって仕事の集中度を上げてもらった方が成果は期待できます。工場労働ではないので、時間を倍使ったからと言って、成果が倍になるようなものでもありません。むしろ、そういう業務は、今後、機械に取って代わられます。かけた時間と相関はしても比例はしない。そういう仕事が21世紀の人間の仕事になっていきます。

私の会社では一点だけサボりのルールを決めています。

それは、**仕事をやっているのかサボっているのか曖昧な状況にしないこと。**

社員が自分の机でフェイスブックを触り出したら、「それはちょっと違うんじゃない?」と釘をさします。SNSがやりたいなら喫煙所に行ってスマホをいじってくださいと言います。もしくは、いろんな人に会いたいという理由で営業マンが契約する見込みのないお客様のところへいくことを仕事だと思っていたら、「認識ズレてるよね」と突っ込みます。

オンオフの切り替えを明確にしろとという意味ではありません。自営業者と違って就業時間が決められているサラリーマンは何かとオンとオフを分けて考えがちですが、仕事は集中、遊びは脱力というのがオンオフの発想。そうではなく、仕事も遊びもオンの状態が理想です。

今、自分がやっていることに「どれだけ集中できるのか」がポイントです。猛烈に集中して仕事をして、猛烈に集中してサボっているなら私は何も言いません。極端な話、社員が4時間しか働かなくても、誰よりも集中して仕事に取り組み、私がうなるほどの成果を上げてくるなら、どうぞ残りの時間は他のことに熱中していてください、ということです。

グーグルの20%ルールはあまりにも有名ですが、これは「20%は脱力していい」ものだと勘違いしている人がたまにいます。そうではありません。新しいアイデアはルーティンからは生まれないという経営思想から生まれた、「20%は本業以外のことに熱中してもいい」という取り決めのことです。

成果はかける時間ではなく集中度で決まる

6 昼休みを戦略的に使いこなす

都心の高層ビルで働くビジネスマンの昼休みラッシュは、尋常ではありません。エレベータで1階に降りるだけで10分待ちになることもあります。当然、どこに行っても店は大行列。貴重な時間がムダに失われていきます。

昼休みは会社員が唯一権利として与えられた自由時間です。工場や現場など全員が揃わないと機能しない仕事ならともかく、今どき社員に昼休みの裁量権を与えていない会社は、経営センスを疑った方がいいです。

昼休みは人も出払って電話も減るので、朝に続く第2の集中タイムになります。「12時から1時間の間にこの仕事を終わらせる」というスケジューリングをするのもいいと思います。

俣野は同僚たちが社員食堂に向かって行進しているときにはそのまま仕事を続け、時間をずらしてガラガラの時間帯にお昼休みをとっていました。さすがにお昼休みを前倒ししてとることは難しいでしょうが、昼休みに仕事をしている人が遅めのランチをとることを咎める会社はそう多くないはずです。これが上手くいくだけで、戦略的に自分の時間を1時間増やすことができますね。

そもそも、12時のチャイムが鳴ったら反射的にごはんを食べにいこうと思う時点で、他人にコントロールされすぎです。

「いやいや、昼休みしか食べられないんだから、そりゃあ食べるでしょう」と思っている人がほとんどだと思いますが、そこに「食べない」というオプションがなぜ存在しないのか不思議でなりません。その日、朝食をたくさん食べていたら12時にお腹が空いていないケースもあるはずです。

また、昼休みだからと言っていつもの同僚とばかり食事をする必要もありません。むしろ社内外の交流の時間として活用することをおすすめします。最近では「昼活」なるものが流行っていますね。その代表格であるソーシャルランチとは同じ界隈に勤める人同士がマッチングして一緒にごはんを食べる新しい形態の交流方法です。

ひとりでごはんを食べない

一流のレストランでもランチなら夜ほどお金はかからないので、若い人こそ積極的にビジネスランチを活用したらいいと思います。

一方、予定がなく、ひとりで昼休みを過ごすときはどうすればいいでしょうか？ そんなときは、食後に眠くならないよう、まったく食べないか、軽めのもので済ませます。わざわざひとりでごはんをするくらいなら仕事を続けて、昼休みの締めに10～15分の仮眠を取った方が午後のパフォーマンス向上に役立ちます。

いつもと同じ面子で代わり映えしないという人は、昼休みの少し前に、普段会話できない社長や上司のところへ行って「ちょっと相談があるんですけど」と声をかけてみるのもいい作戦です。きっとランチくらい奢ってくれますし、普段聞けないことを聞くチャンスですよ。

7 集中できる環境づくりにこだわる

小川は普段、普通の机とスタンディングデスクを使い分けています。後者を使うときはダラダラ仕事をしたくないとき。自宅の書斎もスタンディングデスクを使っています。本屋さんで立ち読みするときにダラダラと本を読む人がいないのと同じで、立ちながら仕事をすると明らかに集中力が変わります。ただし、腰を落ち着けてする仕事には向かないので、例えば原稿を一気に書き上げる作業はスタンディングで行い、推敲の作業は座ってするなど、用途に応じた使い分けが重要です。何事も、「絶対に正しい」ことなどありません。

スタンディングデスクに興味がある方におすすめなのが、私が愛用しているニトリの本棚です（写真）。天板の高さがちょうど立ちながらパソコン操作をするのにほどよく、何より本格的なスタンディングデスクを買うよりはるかに安上がりです。重要なのは見た目より機能ですからね。

とはいえ、一般的な会社員の場合であればなかなか作業スペースを自由に選べないと思いますが、集中力を高めるコツはあります。それは、普段、ダラダラしている空間で仕事をしないこと。厳密に言えば、視覚情報を変えてみることです。

いつも机の右側のデスクトップPCでネットサーフィンをしているのであれば、集中して仕事をするときは左側を向いてノートPCで作業をするといった方法です。作業環境が選べる人であれば横に長いテーブルを買って、あらかじめ右と左で用途

本棚をスタンディングデスクに使う

を分けるといいかもしれません。

このあたりの細かい方法は自由に選んでいただくとして「集中するときはここ！」と自分のルールを決めてそれを習慣化することが肝心です。習慣化をすれば、その環境に身を置くだけで集中スイッチが入るようになります。

スイッチを入れるのは空間だけではなく音楽や香りでも可能です。人間は五感でスイッチを入れられるわけですから、それを使わない手はありません。

さて、集中のスイッチが入れられるようになったからといって、集中力が持続するかどうかは別の話です。人の集中力など、1時間持てばいい方だと思います。

保野がおすすめするのは、集中力の持続時間を計測してみることです。

実際にストップウォッチで計ってみるのです。予想以上に長いなら喜んでいいと思いますが、短いからといって悲観する必要もありません。計るという行為が集中力を生む仕掛けです。

もし集中力が15分続いたのなら、それは自分にとって新しい武器を手に入れた

のと同じことです。あと15分で会議が始まるといったときに、今までなら中途半端な時間だと思っていたのが、「ラッキー！ 15分もある。何しようかな」と思えるようになります。

ただ、何度も繰り返しますが、大事なことは成果を出すことです。集中力を高めるための細かい努力は徹底して行うべきですが、早起きと同じで集中力は手段に過ぎません。集中力が小間切れになるなら適度にリフレッシュをしながらやればいいだけです。

くれぐれも、集中を高める作業に「集中」しすぎることがないように！

成果を出すのに必要なことだけをやる

8 人の時間を使って最大の成果を上げる

小川にとって会社の始業時間から家に帰るまでの時間は、基本的に他人に捧げる時間だと思っています。

会社にいるときはメッセンジャーやラインは常に確認できる状態にして、メッセージが届いたら即座に返事をします。メールがきたら、それがたとえ3行の報告メールであったとしても、「拝見しました」の一言を反射的に返しています。

あまりに返信が早いので「小川さん、仕事してるんですか？」とよく言われますが、朝のうちに大事な仕事は片付けているので問題はありません。**むしろ、このメールには返事をした方がいいのか？と考えること自体が、私にとって時間とワーキングメモリのムダです。**

世の中で仕事ができると言われる人たちはとにかくレスポンスが早い特徴があ

ります。大前研一さんもよく「仕事ができるかどうかの指標はその人のレスポンスタイムを見れば分かる」といった趣旨の発言をされています。

なぜレスポンスが早いのかというと、人をどんどん動かした方が仕事の成果が上がることを、身を持って知っているからです。

例えばこんな例はどうでしょう。

部下から企画書のチェックを依頼するメールが入っていました。しかし、あなたは自分が担当するクライアントのための企画書を書いています。そこで自分の企画書が書き終わる半日後まで返事を遅らせたとしたら、自分は企画書が完成してご満悦かもしれませんが、部下は待ちぼうけをくらったことになります。もし、**あなたの手を止めて即座にフィードバックを伝えていたら、部下はその半日を使ってよりクオリティの高い企画書にブラシュアップすることができたはずです。**

たった5分、自分の時間を割いていれば、チームの成果は倍増したのです。

これが時間のレバレッジ（テコ入れ）の基本的な考え方。

分かりやすく言えば「いかに同時進行のものを増やせるか」という発想です。

この発想が身に付かない限り、仕事で大きな成果を上げることは無理です。サラリーマン感覚にどっぷり浸かってしまうと「自分がこれだけ働けばこれだけの成果が出る」という時間給の考え方しか持てなくなります。そこに効率を求めることもたしかに重要です。

しかし、実は会社員というのは非常に恵まれた環境にいます。社内を見渡せば無料で使えるリソース（人、モノ、金、情報などの資源）がゴロゴロあります。不足分はお金を払って外注しないといけない起業家からすれば、うらやましい限りなのです。

何なら社長でも上司でも何でも使ってでも、数字を最短で達成する工夫をしましょう。上司に頼み事をするのを遠慮する人が多いですが、会社の目的はあくまでもチームで成果を出すことです。そのために必要なことは積極的にやったらいいのです。

リソース使いの達人になるポイントは、次の3点に集約されます。

①自分のところで流れを止めない
②他人の時間を価値に転換させる
③プロセスの詰まりを解消する

管理職になると、個人の能力よりも、リソースの使い方で評価がされます。若いうちにリソースの使い方を覚えると、そのスキルは後々昇進したときに、さらに管理職仲間の中でも突き抜けるための足がかりになります。

手始めに、「メールは即返信」の自己ルールを作ってみてはどうでしょうか。

同時進行できるものを増やす

9 いかに早く帰るかを考える

残業に意味はありません。早く帰った方が会社にも、自分自身にとってもいいはずです。成果が出ていないのに「自分は毎晩こんなに遅くまで頑張っています！」と自己アピールをしている人は、努力することが成果だと勘違いしています。人は成果を出すために努力をするわけであって、**努力とは必要悪。**楽をして成果が出せるなら、そちらを選んだ方がいいに決まっています。

小川はコンサルティングの現場で時間がないと悩んでいる人の相談を頻繁に受けますが、ほとんどの人が時間配分を間違えています。

私が具体的にクライアントに聞くのは、一日に行う業務のリストと、それぞれに費やしている時間です。それをマッピングしていくと、みなさん揃いも揃って手広く仕事をしています。そこで私が「総合商社になりたいんですか？」と聞くと、ほとんどの人が「いや、専門店になりたいです」と答えるのです。専門店で一点突破をしたい人なら本来は「選択と集中」を徹底すべきです。具体的に選択と集中を行っていく際、私は以下のような質問をしています。

①一日の業務の中で削れそうなものは何か?
②削ったことで起こりうる不都合は何か?
③どうすればその不都合がなくなるのか?(または本当に不都合なのか?)

だいたいこの3つのステップで考えていけば、当の本人の口から答えが出てきます。ようは目標と自分の現状を整理して、「やらないこと」を決めていくだけで劇的に時間配分は変わります。

このとき重要なのは、**一日何時間働きたいのか(働けるのか)を先に決めておくことです。**「やらないことを決める」作業は引き算なので、もし8時間しか働きたくない(働けない)のであれば、やらないことをどんどん増やして8時間に近づけるしかありません。

ビジネスマンの基本スキルである論理的な思考をなまじ身につけてしまうと「完璧な手順」を追い求めるあまりやたらとプロセスにこだわりを見せるようになり、「やること」を増やしてしまいがちです（これをプロセスメタボと呼んでいます）。

しかし、仕事の目的は「完璧さ」ではなく「成果」です。

シリコンバレーの格言で「Done is better than perfect.（完璧を目指すより、まずは終わらせろ）」というものがあります。どういう意味かと言うと、「何があればより良くなるか」ではなく「何があれば行動できるか（成果が出るか）」という順番で考えろということです。思考の順序を変えるだけで、「ムダな努力」を省くことができ、結果として行動する（成果を出す）ハードルが低くなるものです。

また、ムダに残業が長い人に共通しているのは、ひとつひとつの仕事をフェーズで区切っていないことです。夕方くらいになって「よし、企画書を書こう」と仕事を始めても、終わりが明確ではないので区切りの付け所が分かりませんし、そもそも何から着手していいのか分かりません。

上級者であれば、出だしとしては次のような感じでしょうか。

「今回の企画書で、プロジェクトの決済を課長から一週間後にもらうんだよな。とりあえず係長に明日、ラフを作って見てもらうのが安全だろう。そこまでに必要なデータは、あれとこれと……10個くらいか。これを2時間で集めて、見つからなかったものは係長と相談するために箇条書きにでもしておこう。」

フェーズで区切るとは、**期間と達成基準（何を測定するのか、基準となる閾値はどこか）を明確にすること。**その各フェーズで行うことも、「企画を考える」「データ収集をする」といった曖昧な表現で終わらせずに「企画書のテンプレートを埋める」「公的な情報を調べ、海外事例を10個調べる」など、具体的な動作に落とし込んでいくことがコツです。それだけ具体的に考えることで「あっ、ここは上司に確認を取らないといけない」などと、課題や穴に気がつけます。

フェーズを区切る考え方は仕事を任されるときも同じです。仕事を振られたら、その期日と基準を必ず確認してください。そうしないとスケジュールの組みようがないので、終わりの見えない残業に突入しかねません。
中にはどうしても仕事量が多すぎて、いくらムダを省いても毎日残業になってしまう人もいると思います。その場合は、「その状況が一生続きそうか」「それを続けたいのか」という基準で判断するしかありません。人生で何を目標とするのか、そして、何を幸せだと感じるかは人それぞれ違います。

確実に言えることは、今後の仕事の効率を上げるための徹夜なら大いにOK。

そして、自分にとって飛躍するチャンスだと思った大きな仕事なら、何日会社に泊まり込んでもOK。「苦労は一括払い」が理想です。
自己管理とは制約があるからこそ成立します。もし私が睡眠を取らなくていい特異体質で、お金も無尽蔵に持っていたとすれば、絶対に良い仕事などするわけがありません。

苦労をするなら一括払い

「秘書を雇う」は一流の習慣なのか?

秘書を持つことには3つの異なる側面があります。

①自分の時間を自由にするための「総務機能」
②自分の生活をトレースしてもらうための「後継者育成機能」
③自分のステータスを上げるための「自己顕示機能」

このうち総務機能としての秘書はツールの発展とアウトソーシング先の増加によって、かつてほどの役割を失っていると言えます。当然、秘書がいないと仕事が回らないなら雇わざるを得ないわけですから、それは一流かどうか以前の問題です。

ふたつ目に挙げた、自分の後継者を育てるいわゆる「カバン持ち」としての秘書は、自分の事業で一定の成功を収めているのであれば、先行投資として積極的に採用したほうがいいと思います。

最後の自己顕示欲を満たすための秘書は、完全に趣味の世界ですね。

お金の使い方を考えるとき、普通の人は「お金を使う／使わない」の横軸だけで考えがちですが、重要なのは「お金を稼ぐ／稼がない」の縦軸です。

このうち「お金を使わず、お金を稼がない」領域は、いわばやりくりの世界。決して楽な選択肢ではないことは理解していますが、ビジネスに携わっている限り「お金を稼ぐ」ことを前提に考えないといけませんので、お金がもったいないという理由だけで秘書を雇わない発想は危険です。

かたや「お金を使ってお金を稼がない」領域は浪費の世界です。お金を稼げないことを承知で秘書を雇う選択は、「どうぞお好きに」としか言いようがありません。

お金を稼ぐことを前提にすれば、「お金を使ってお金を稼ぐ」のは投資の世界。秘書を雇うことで生まれる時間で秘書に支払う給料以上のお金が稼げるケースですね。当然ながら合理的な判断です。一方で「お金を使わずお金を稼ぐ」のは節約の世界。秘書がいなくてもお金が稼げるなら、一流ビジネスマンになれます。

第3章

人脈と可能性を拡げる「夜の習慣」

First-class night habits

1 ビジネス交流は趣味だとわきまえる

この章で取り上げるビジネス交流とは、セミナーの懇親会、サークル、地域交流会などのことを指します。これらを便宜的にオフの交流会とすれば、オンの交流会とは商工会主催のマッチングイベントや異業種交流会など、あくまでも営業活動の延長にある類いのものです。

ビジネス交流のメリットは、自分より優秀な人や自分の知らない世界の人と接することで刺激を受け、経験値が上がり、視野が広がることです。新たな人脈を築いたり、ビジネスの種を見つけたりするのは結果に過ぎません。

ようは交流会とはあくまでも趣味の世界だということです。**お金儲けや人脈作りを目的にするのは少しピントがずれています。**

名刺交換はします。会社の看板も背負っています。しかし、あくまでもオフの時間。素の自分を見せろとまでは言いませんが、がっつく必要もありません。

お互い個人としてぶつかり合って、夢を語りあい、「この人と何か一緒にしたい」と思うのが理想的な関係構築の流れです。

小川の経験では、オフの交流会で仕事につながった件数はオンの交流会の5倍くらい。相手との接点が「仕事ありき」ではなく「価値観の共鳴や関係性ありき」なので当然と言えば当然です。

そのため、交流会に出たからといってやたらと名刺を配る行為は不要です。自分から「売り込んだ」人は、即座に相手の記憶から消されてしまいます。ましてや経験の浅い人が一流の人が集う交流会に参加して自分をアピールしたところで相手にされません。謙虚な姿勢で一流の人の話を聞いている方が、まだ得るものは多いはずです。**名刺を100枚配るより、魅力的な人をひとり見つけて話し込んだ方が、はるかに価値があるのです。**

初めて交流会に参加するなら何回か参加経験のある人に付いていくのが望ましいでしょう。会場に入ったら「誰か紹介して」と聞けばいいのです。紹介であれば売り込みにはならないので、相手も対等（少なくとも紹介者と同等）に見てくれます。このスタート地点が得られるメリットは大きいです。

もし知り合いが一人もいない場合は、主催者に仲介をお願いするか、自分の直感に頼るしかありません。

交流会は立食形式が多いと思います。立食パーティで一番恰好悪いのは、人を紹介されたときにごはんをほおばっていたり、両手がプレートでふさがっていたりすること。おいしそうなごはんを前に我慢するのは苦痛なので、**私は立食パーティに参加する前に必ずソバかバナナを食べていくようにしています。払った会費をごはんで回収しようという発想は少しお寒いです。**

また、交流会に出て何かを得て帰ろうという考え方も捨てた方がいいです。交流の基本は先出し。「いかに貰うかではなく、いかに与えられるか」です。

もし何かを得て帰るものがあるとすれば、それは相手の役に立てる何かを見つけた、またはその場で役に立ったという事実です。それによってご縁が続くことを意味していますからね。

相手に何も与えるものがない状態で相手から何かを奪おうという姿勢を見せた

段階で、きっと相手にされません。その人の事業を自分のブログで紹介するなど些細なことでもいいので、その人に与えられるものはないか考えることが大切です。

交流会に初めて参加してみて何も得るものがなかったとしても気にする必要はありません。人との縁はそんなに簡単に生まれません。

ただし、交流会に10回出ても何も得られない場合は、「今の自分には他人に与えられる価値がない」と判断するのが妥当でしょう。もっと今の仕事に専念した方がいいと思います。

スモールコミュニティの主催者になると

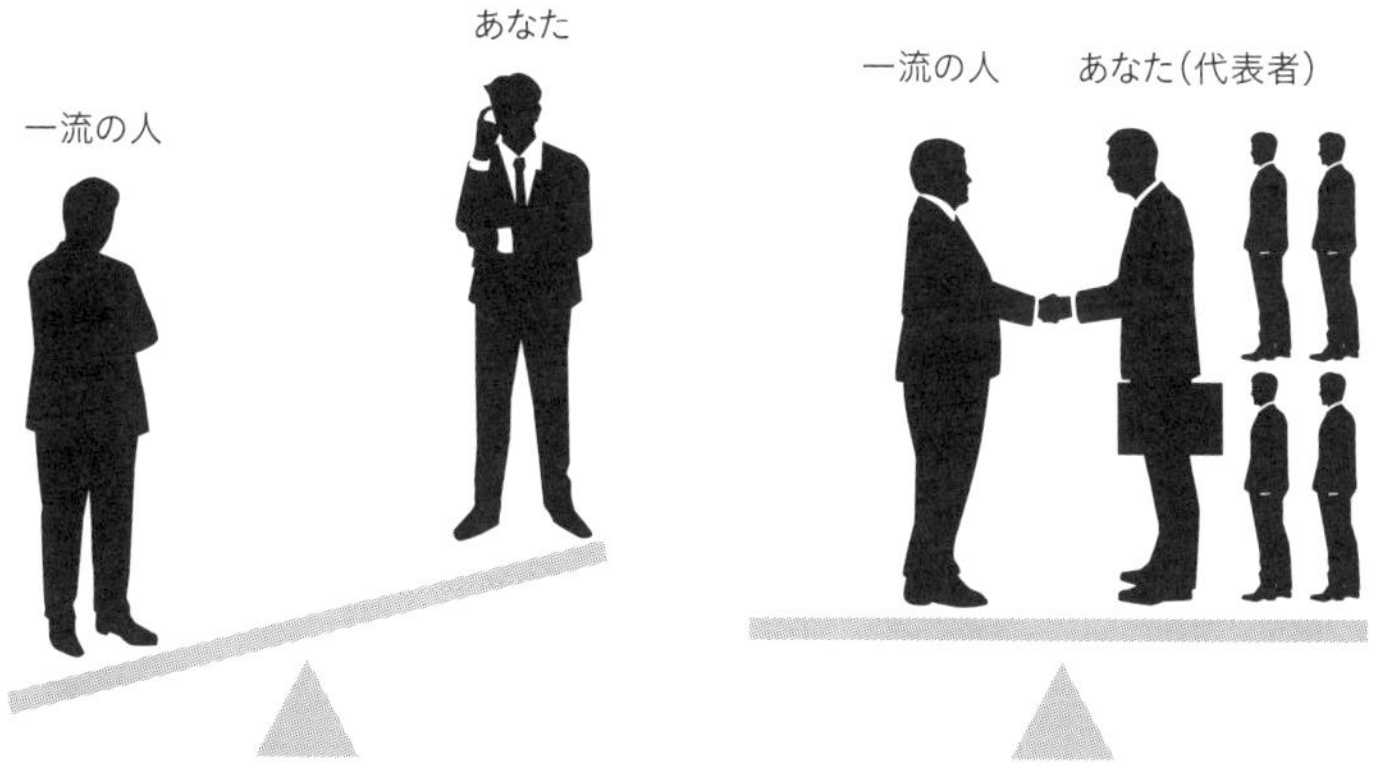

ちなみにここまでは交流会に「参加」する前提で話をしてきましたが、まったく発想を変えて自分で「主催」するのもひとつの選択肢です。

とくに最近はネット上にスモールコミュニティーが乱立していますので、運営ノウハウなどは自分でいくつかの交流会に出てみれば勉強できます。

そこで規模を追う必要はありません。10人でもメンバーがいれば、はたから見ればあなたはその10人の代表者です。裸一貫では相手にされない一流の人と出会ったとき、名刺がわりに「そのお話、メンバーにも紹介しておきますね」と言えるのが何よりの強みです（前頁図）。主催者同士のネットワークもありますので、他のグループも束ねてしまえば100人、1000人の代表者になることもできます。

人脈の基本は相手に役立てることを見つけることである

2 夜の時間は人に渡す

私は年間300回、会食をしています。

日中同様、夜の時間は人に渡している感覚なので、基本的には誘われれば行きますし、自分からも積極的に声をかけます。

ただ、次のような飲み会は避けるように習慣づけています。

① 共通のテーマがない飲み会

少しでも共通のテーマがあれば何かを生み出せるはずですが、会の目的が分からない飲み会に行くのはさすがに躊躇してしまいます。

② 自分から何も与えられそうにない飲み会

自分が何かを与えられる場であれば積極的に行きます。相手が自分より目上であっても「役に立つ」ことはできるはずなので、別にお山の大将になるという意味ではありません。人に何かを与えることで返ってくるのは信用です。**信用とは複利計算で増えていくもので、複利である以上、一定の信用を積み重ねたらそこから減ることはなく、増えっぱなしになります。**逆に、自分がもらう側の飲み会には行きません。最初から借りを作るとその立ち位置がその後も続いてしまうため、長期的に見れば自分にとって大きなマイナスになるからです。

③利回りが低いと分かっている飲み会

信用（時間、お金、労力）を投資しても、利回りが低いと判断した場合は、2回目に誘われても行きません。利回りの分からない1回目はフィルタリングの時間として捉えています。

④残業感覚の飲み会

上司や先輩に半強制的に連れていかれる飲み会です。ノミニケーションなど要りません。コミュニケーションを円滑にする目的であれば普段から風通しのいい職場を作っていなくてはいけないはずで、日頃の無理の帳尻合わせが目的なら、根本的な解決になっていません。また、ストレス発想が目的であれば、なおさら一緒に時間を過ごす相手ではないはずです。

仕事とプライベートの線引きは不要

人と会食をするときは基本的にビジネスとプライベートの線引きは必要ありません。大事な人を接待するときと大学の同級生と飲むときとでは、はしゃぐ程度と話題の差こそあれ基本的に同じ感覚でいいと思います。

せっかくの会食ですから、接待だからといって残業感覚でお酒を飲んでも楽しくありませんし、プライベートだからといって仕事の話をしないと制限してしまうのもずいぶん窮屈だと思いませんか？

3 「今日はお酒控えます」は禁句

一緒にお酒を飲む相手に対して「明日は重要な会議があるので今日はほどほどにしておきます」と言うのは、言い換えれば「あなたとの付き合いには制限があります」と言っているのと同じです。とくに、これから交流を深めようと思っている相手に対して放つ発言ではありません。

それで次の日生産性が落ちるなら、それを見越してスケジューリングをしておく。それが自己管理です。

ダイエットと同じで、**自分のコンディションを維持するのは24時間の枠組みで考える必要はありません。**私たちは修行僧ではないのですから、計画通りの毎日を過ごさなくてもいいのです。

お酒を飲む日が分かっているなら前日から仕事と体調の調整を始めて、飲み会の翌日はメンテナンスに充てるなど、3日くらいのスパンで考えればいくらでもコントロールできます。

「短期は楽しく。長期は上手く」。

これが自己管理の理想的な姿です。短期はとにかく人生を楽しんで、長期で見たときに「思い通りに行っているな」と思うことができれば合格。

短期は楽しく、長期は上手く

だからこそ、ギャンブルや連載漫画、連続ドラマなど、短期では楽しくても、依存性や継続性のある娯楽は長期計画が崩れてしまうのでおすすめしません。

逆に、「お酒は1日2杯まで」といったストイックな習慣。この場合は短期で見たときに人生が楽しめるのか疑問です。例えば親友の結婚式に出てまで「俺は2杯しか飲まないよ」と言い切れるのかと。もし、その日なら飲むというのであれば、そのルール設定がおかしいということです。

4 家族サービスは量より質

家族との時間をいかに確保するのか。

忙しい会社員にとって永遠の課題です。

時間を作るコツは本書で何度も触れていますが、いくら工夫をしても家族と過ごす時間が増えないのであれば、時間ではなく質を変えてみてはどうでしょう。

私は連日の会食と4時起きの生活で、朝ごはんのときくらいしか家族と過ごせません。その償いというわけでもないですが、妻といるときはイタリア人ばりに愛情表現をするようにしていますし、家の経理なども一部任せています。例えて言うなら配偶者は、「〇〇家株式会社」の共同経営者なわけですから、それぞれが役割分担して継続発展していく形が理想です。負担が偏っていたり、一方的に我慢をさせすぎたりしているのは宜しくありません。

家族サービスですぐに実行できることを言えば、**遊びに出かける日を家族に選**

んでもらうのはどうでしょうか。1週間後の予定だと難しいかもしれませんが、3ヶ月後の予定ならたいてい空いているでしょう。空白の予定を渡すことは相手に最大のリスペクトであるという話をしましたが、これは当然、家族に対しても同じです。過ごす時間は少なくても、優先順位は一番高いことを伝えられます。

家族に何かが起きたらすぐに動けるようにしておくことも大きな安心感を生みます。お子さんが高熱を出したときに旦那さんが仕事を中断して家に飛んで帰るなど、口だけではなく実際に動けるかどうかが重要です。

しかし、もちろん家族との時間を最優先する生き方もあります。それは素敵なことだと思います。すべては自分にとって何が大切なのか次第です。

最大のリスペクトは白紙に予定を入れてもらうこと

5 寝ている間も脳にひと働きしてもらう

睡眠中に見る夢は、その日に脳内へインプットされた雑多な情報を、脳が整理している過程で見えるものだと言われています。

人の脳には毎日、膨大な情報量が入ってきています。意識して取り込んだ情報以外にも、電車でボケーっと眺めた中吊り広告の見出しから、同僚がしていた趣味の悪いネクタイの柄まで、ありとあらゆる情報が脳内にたまっていきます。夜になれば頭の中はごった煮状態です。

こういった特性を踏まえれば、夜遅くに会社や自宅の書斎で考えごとをしたところでロクな結果が出ないことはご想像いただけるでしょう。

決断を下す、企画書を書くといった思考力を必要とする作業は頭がスッキリしている午前中に済ませて、頭を使わないでもいい作業を後回しにするのが基本。

夜は問いを立てる時間に充てる

知識として知っていても、習慣化できている人は少ないです。

寝る直前に適している作業とは、脳が情報を整理してくれることを見越したインプットの作業です。

具体的には学習目的の読書（暗記）と、問いを立てることです。

問いを立てるとは、文字通り、答えに近づくための質問を決めること。それが決まった時点でその日の作業は終了です。問いを立てたことで脳内の整理のされ方にも変化が出て、朝起きたら回答ができあがっていることもあります。

どのみち寝るのであれば、寝ている間の脳のポテンシャルを活かさない手はありません。毎晩会社で考えごとをしている人は、「問いを立てたら帰る」という方法に変えてみるだけで、時間と成果が生まれるかもしれません。

6 一日の設計は睡眠時間から立てる

多くの人は、早起きは、長時間活動するための行為だと勘違いしています。そのため早起きする人はショートスリーパーだと勘違いされることがありますが、私の睡眠時間は6、7時間です。何も予定がないなら夜8時に寝ますし、会食があった日でも夜10時には寝ています（二次会突入の場合は翌日、昼寝でドーピングします）。

睡眠は体力や集中力の源。そうだとしたら、一日の設計は睡眠時間からしていくことが当たり前のはず。そう考えると、早起きするには起き方はあまり重要ではなく、寝方の方がはるかに重要だということがご想像いただけると思います。

よく一流の著名な経営者の方で一日3時間しか寝ないという人がいますが、その人が7時間睡眠を取るようになればもっと偉大なことができるのではと思うことがあります。第一、ショートスリーパーは生まれ持った体質なので、その体質ではない人が真似しても早死にするだけです。

ビジネスマンが早寝をするためには家に帰ってダラダラ過ごす余裕はありません。**独身時代、私は家でダラダラすると睡眠時間が削られてしまうので、その誘惑を絶つためにテレビとソファとベッドを捨てました。**なぜベッドまで捨てたかというと、ソファがなくなったらベッドでくつろぐ自分がいたからです（マットレスを買って立てかけておくようにしました）。

自分の意思が弱いのは変えられなくても、その誘惑を遠ざけることはできます。結婚した今でも、家にはテレビもソファもベッドも置いていません。また、スマートフォンも寝る前に見てしまうと1時間などあっという間に経ってしまうので、寝室に持って行かないルールにしています。

くつろぐ行為は体力回復のために行うものですが、**肉体労働をしているわけでもない会社員にリラックスが本当に必要なのかというのは疑問です。**第一、睡眠ほど体力の回復に効くものはないのに、その時間を削ってまでソファでくつろぐことの意味が理解できません。むしろ会社員にはリフレッシュが必要でしょうが、これも普段から寝不足を自覚しているような多忙な人であれば、睡眠に勝る気分転換はありません。

寝不足は人生の残業。受験勉強のように期間を区切って行うのであればいいですが、一生行うことではありません。

早寝を習慣にすると夜遊びの時間を犠牲にすることになります。

しかし、限られた時間の中でいかに仕事の成果を上げるかを検討した結果、私の場合、夜遊びは「やらなくていいこと」であると判断しただけ。

「良いか悪いか」で選べるものは、じつは世の中にはあまりありません。自己管理とは、「たくさんある良いこと」のうち、何を選ぶのかを考えることでもあります。

寝不足は人生の残業

Column

「お中元・お歳暮を必ず贈る」は一流の習慣なのか？

プレゼントは「何を」「いつ」「なぜ」送るかで考えることができます。

お中元やお歳暮は「なぜ」送るのかというと、日頃の感謝の気持ちを伝えたいから送るものですよね。しかし、現実問題、シーズンになると重要なポジションにいる人ほど大量にプレゼントが届くわけですから、あなたの贈った「気持ちの価値」が薄れてしまうことは目に見えています。

小川はお中元やお歳暮は送りません。その変わり、相手の奥さんの誕生日などに贈り物をよくします。ほかの人が知らないインサイダー情報（家族の誕生日、周年記念など）に基づいて「いつ」を決めることで親密性や希少性を演出できます。ちなみに、知人の誕生日や年明けを祝うメールも、「待ちきれなくてさ」と言って前日の夜にフライングした方が価値が上がります。「早いよ」と言われるでしょうがイヤな気分になる人はいません。

「何を」贈るかについては、プレゼント選びに時間をかけないことがポイント。

自分で最新情報をつかみにいくには手間が掛かりすぎます。

最も簡単なのは詳しい人（キュレーター）に聞くことです。

餅は餅屋で、例えばお店に行って店員さんに「相手、予算、意図」を真っ先に伝えれば、相手もプロですからすぐに最適なものを選んでくれます。

プレゼント選びでもうひとつ外しがない方法としては、自分が貰ってうれしかったものをストックしておくことです。誰かからプレゼントをもらって「いいね！」「気が利いているね！」と思ったら、ネットで調べてブックマークしておくだけ。ブックマークの「名前」などいくらでも変えられるわけですから、そこに「○○へのプレゼントならコレ！」といったメモしておけば、必要なときに瞬時に使えます。

また、プレゼント全般に言えますが、「貰い手本人が喜ぶもの」ではなく「本人の株が上がるもの」を選ぶのは基本中の基本です（例えば奥さんや事務員さんが喜ぶもの）。「立場の恩人」になれるとあなたの株も上がります。

せっかく贈るのであれば、最大効果を狙いましょう。

第4章

脳と体のキレを上げる「毎日の習慣」

First-class daily habits

1 アイデアを考えるときのコツとは

1日の仕事の予定を立てても、その通りにアイデアを考える作業はあらゆる仕事の中でもっとも成果の予測が難しい作業です。事務作業ならアウトプットも所要時間もだいたい想像つきますが、アイデアを考えるときはそうはいきません。そのため上手く自分の仕事をコントロールしないと多くの時間を取られてしまう恐れがあります。

例えば本の企画を考えるとします。多くの人は「いい企画を出そう」と悩みだすと思いますが、それは正しいゴール設定ではありません。「いい企画とは何か」が決まっていないからです。話題になる本がいいのか、確実に5万部売れる本がいいのか。それも決めず徹夜をして企画書を書いたところでテーマはボヤボヤ。さらに編集長から「話にならない」と一蹴されてパニックに陥る姿が想像できます。

会社員にとってもっとも確実なゴール設定は「これを拒絶する人がいたらアホだ」と思えるアイデアを考えることです。

そのためには上司の考え（判断基準）を知らないといけません。

会社の方針や部の戦略、はたまた上司の性格によって、「いい企画」の定義は変わります。市場環境も刻々と変わるので、昨日と今日で上司の考え方が変わる可能性すらあります。

いきなりあてもなく大海原へ漕ぎ出す前に、せめて大枠くらいは決めておいた方がいいでしょう。もしすべて自力で企画を考えないといけないときでも、自分なりの「いい企画」の定義を考えておくのです。

お弁当屋さんが新作メニューを考えるとき、弁当箱の大きさと予算と顧客ターゲットを決めてからメニューを考えるのと同じです。

上司の考えを聞いてみて、自分の考えとのギャップが分かったら、それは正しく悩むためのスタート地点に立てたことになります。仮に上司に自分の考えをぶつけた結果、怒られてもいいではないですか。思考の泥沼を回避できたことに感謝すべきです。

ゴール設定ができたら次は実際にアイデアを考える段階に入ります。

これもいきなり最終ゴールを目指そうとするとドツボにはまります。

アイデアを考える基本は発散と収束。ひたすら案を出すフェーズと、これぞというものを選ぶフレーズの2段階に分かれています。

さらに仕事ですから期限があると思うので、期限から逆算して「いつまでに案を何本用意して、いつまでに何本に絞り込もう」とあらかじめアイデア出しのフレームを決めておくことが重要です。それぞれのフェーズで「出し切った！」「絞り切った！」と自信を持って言うことができれば、アイデア出しのワンサイクルが完結します。

その途中で完璧だと思えるアイデアが出てきたら、それは儲けもの。空いた時間を他のことに活用すればいいだけです。ゴールもフレームも決めていなかったら、奇跡的に完璧な企画と巡り会えたという感動もありません。

ただ、これだと思えるアイデアと遭遇できる可能性はそう高くありません。世の中の一流クリエーターも、ひとつの輝かしいアイデアの裏には何百、何千というボツネタが存在しています。1発勝負など夢のまた夢です。

だからこそ、発散のフェーズでは数の多さにこだわりたいところです。

収束させるときは、最初に定めたゴール設定を判断基準にしながら、ひたすら悩み抜きます。産みの苦しみは発散よりも収束の方が辛いかもしれませんが、知的労働の醍醐味を存分に味わえる瞬間です。

よくアイデアを発散するときは喫茶店がいいという類い話を聞きますが、どこで考えればいいかは人それぞれです。ただ、感覚的には、斬新なアイデアを出したいときほど、現状（職場）とのしがらみがないところで、まとまった時間を確保した方が効果的のような気がします。

失敗の先に成功がある

2 判断するときは対極軸を考えるクセをつける

自分が絶対に正しいと思ったことでも、その逆の意見が必ず存在します。これを「対極軸の発想を持つ」と言います。広い視座と高度な交渉術が求められるビジネスマンにとっては真っ先に身に付けておきたいスキルです。

あなたが会議で何かを発言したとします。するとたいてい誰かからツッコミなり反論が入ると思います。そこで何も言い返せないというのは対極軸を想定していなかった証拠です。一流の人であれば、対極軸のことはすでに考えているので、反対意見を言われても即座に反論することができます。

普通のサラリーマンは性格的に折れやすく、なびきやすいので、上司から何かきついことを言われたらすぐに意見を変えたり、落ち込んだりしてしまいます。

そういう人こそ自分の判断にあらかじめツッコミを入れておいて、実際に何か言われたら「来たな！」と思えるくらいの準備をしておきたいものです。

ただ、下した判断の「基準」が分かっていないと反論のしようもありません。「君はなぜA社を推すの？」「なんとなく」では話になりません。

人が何か判断を下すとき、必要になるのは基準です。ランチで悩んでいるときでも、人は量、価格、味、健康への影響など、いくつかの基準を組み合わせてメニューをひとつに絞っているはずです。

頭を抱えて悩んでいる人を見かけたら、何を基準に悩んでいるか問いかけてみてください。たいていの人は自分が何で悩んでいるのか分かっていません。「業務提携先として検討しているA社とB社でどちらの将来性が高いのか判断しようとしていまして」というように明確な基準が分かっているなら、それは正しく悩んでいる証。

ただ、難しいのが基準AだとX社、基準BだとY社というように、基準によって結果が分かれる場合です。こういうときこそ上司の出番です。


つまり判断を下すという行為は、基準を考える行為でもあるのです。

基準を用いた思考方法としておすすめするのはマトリクス思考です。

マトリクス思考とは対極軸（基準）を2つ使う思考方法で、縦軸と横軸からなる4つの事象で物事を考えます。19ページで使った、「やりたい／やりたくない」と「成果が出る／出ない」の図式はまさにマトリクスです。

なぜ2事象（1つの基準）ではなく4事象（2つの基準）なのかというと、2事象では選択肢が限られてしまうからです（数学的に言えば有限確定値）。

分かりやすく説明しましょう。

冒頭のマトリクスが一番の好例ですが、自己管理の対象を何にしようと考えているとき、基準として「やりたい／やりたくない」だけを当てはめてしまうと、「やりたくない」領域に含まれる選択肢は誰も選びません。ようは物事を「良い／悪い」だけで判断すると、「悪い」に含まれる領域が消えてしまうのです。「好き／嫌い」「儲かる／儲からない」「楽ちん／面倒」も同様です。

しかし、そこにもうひとつの基準である「成果が出る／出ない」を当てはめることで、「やりたくない」領域の中から、いくつか選択肢が復活してきます。仮に「儲かる／儲からない」「上司が喜ぶ／喜ばない」「モテる／モテない」など他の基準を当てはめても何かしら選択肢が出てきますよね。

1つの基準では消えてしまう可能性のある領域が、基準を2つに増やすことで無限大に選択肢が広がります（下図）。

さらに、一度消えてしまう領域が復活するということは、その領域を選ぶ人（競合）が少ないことになります。もしこれが新規ビジネスの設計をしているのであれば、独占市場を狙えるということです。

マトリクスのメリット

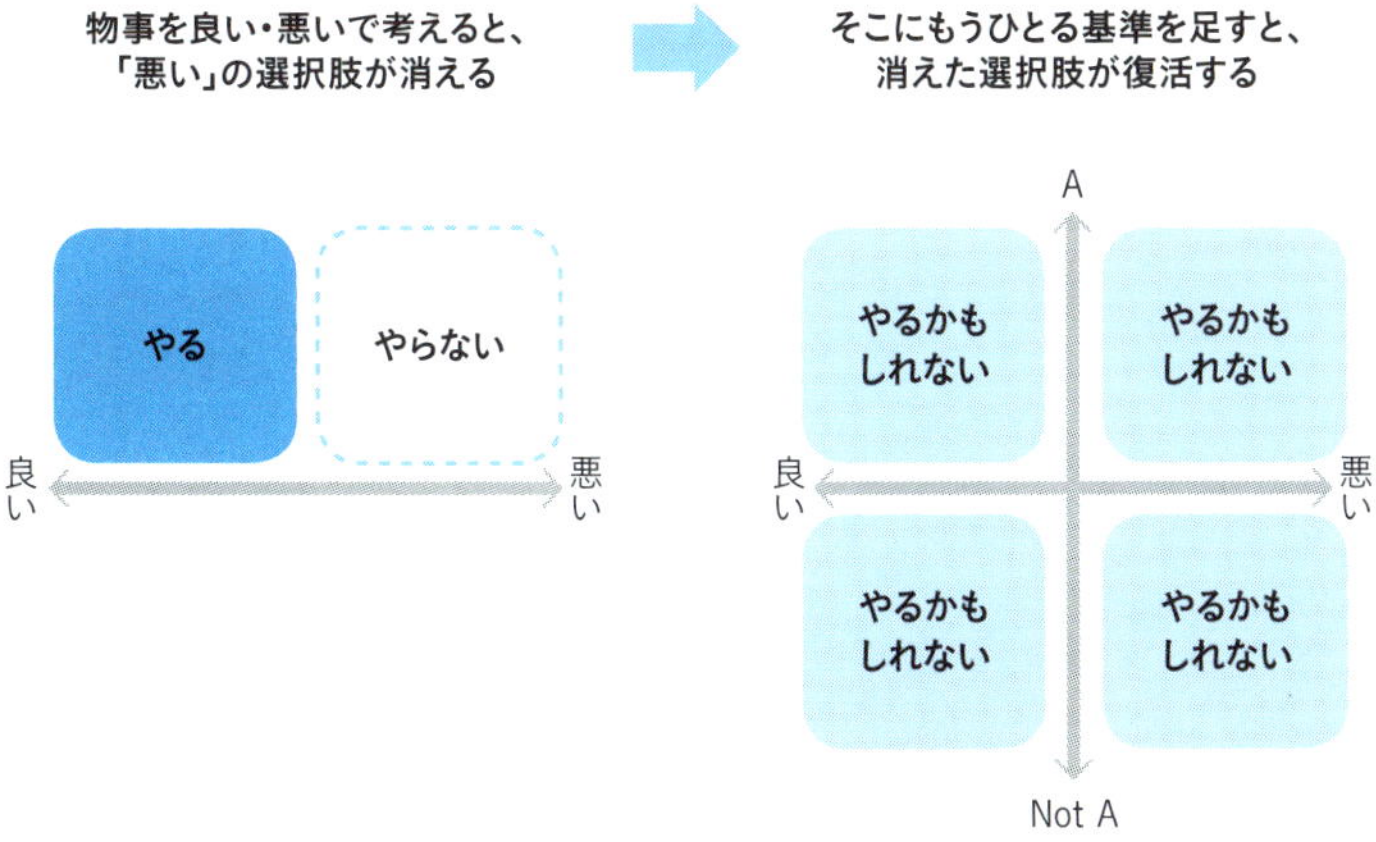

いきなり2つの基準で考えろと言われても難しい場合は、まずは対極軸をいくつも書き出してみることから始めてください。頭で考えるのではなく、紙に書くことが重要です（A4のノートがおすすめです）。それを眺めていれば「これとこれを組み合わせたらいいのかな」とおぼろげながら見えてきます。習うより慣れよの世界です。

マトリクスは自分の思考の幅を広げるときに最大の効果を発揮するものであって、必ず正解が出せるわけではありません。基準の設定を間違えれば判断を誤ることもありますが、一度失敗を経験すれば次回は違う基準を使うようになれます。基準値があるから異常値があるのです。

マトリクスの組み合わせは無限大

3 認識のズレを知り習熟度を高める

アスリート芸人の武井壮さんが、以前、フジテレビの『笑っていいとも！』で面白い話をされていました。認識のズレについての話です。

立った状態で目をつむって、両腕を水平の高さまで上げてみます。

実際にやってみたタモリさんの腕は、水平よりもわずかに低い位置で止まりました。本人は水平だと思っているのに、実際は違う。

これが体幹のズレであり、認識のズレです。

そこで武井さんはその腕をもって、正しい水平の位置を教えてあげました。タモリさんは目をつむったまま。水平の位置を体に覚えさせます。

すると今度は綺麗に水平な位置まで腕を上げることができました。

野球で言えば、バットでボールを捉えたいと思っているのに、実際はボールの下を振ってしまう状態。その状態でボールを当てにいくには、意識的にバットを高めに振らないといけません。

それの何が問題かと言うと、汎用性が生まれないことです。ズレに対して無理矢理体を合わせているだけなので違和感に慣れているだけ。その状態のままいくら反復練習をしたところで、スキルの習熟にはつながりません。少し体が疲れているときや、ゴルフなどでそのスイングを応用するとき、きっとボールを捉えることは難しいはずです。

認識のズレがあるままだと、短期的には成果が出ても、成果を出し続けることはできません。

ビジネスでもまったく同じで、ドラッカーも「成果を出す人は把握することから始める」と言っています。

その際たる例が、自分の時間の使い方です。

「あなたの平均的な一日の使い方を教えてください。営業に何時間、報告書作成に何時間、ネットサーフィンに何時間と、なるべく具体的に挙げてください」

今あなたが頭で想像したものが、タモリさんの両腕です。おそらく「実際」とはズレています。つまり、**自分ではこう過ごすつもりという予定と、実際はこうだったという結果のズレがあなたの生活のリズムや仕事の仕方を狂わせ、「こんなはずじゃなかったのに」と悩む結果につながっている可能性があります。**

把握することから始める

実際の時間を厳密に計るには、専用のスマホアプリなどが存在しています（「タスク計測アプリ」や「時間計測アプリ」で検索してみてください）。若干の手間はかかりますが、現状の正しい把握ができることを考えればその手間は惜しくありません。

ビジネスマンにとっての時間配分とは、経験値の配分以外のなにものでもありません。自分が伸ばしたいスキルに1時間しか割かず、スマホいじりに3時間、経験値にもならないルーチンワークに5時間も取られているようでは、成果は出るわけがないのです。

4 ガラケーユーザーよりスマホ中毒者の方がダサい

先日、リッツカールトンのラウンジであるお客様を見かけました。上品そうな日本人女性で、6人がけのソファに一人で優雅に腰かけています。すると、ミーティングを終えたと思わしき外国人ビジネスマンが続々とロビーに入ってきてその女性に挨拶をしていきました。間違いなくVIPです。

するとで彼女は「写メを撮りたい」と言いだしました。彼女のバックの中から出てきたのは最先端のスマホ……ではなく、ごく普通のガラケーでした。

「うーん。たしかにスマホがなくても成功者になるのは究極だよな」

と、妙な感心をしたのを覚えています。

ただ一般人にとって、今の時代にスマホを持たないことは百害あって一利なしです。パソコンでできることはほとんどスマホでもできてしまうわけですから、これほど便利なツールを持ち歩かない理由が見つかりません。

スマホのメリットは即時性です。思い立ったときにすぐに情報にアクセスでき、アウトプットもできることが最大の利点。実際にどう使うかはその人が何をしたいのかで変わりますが、大事なのはそれをスマホに反映できているか、そして活用しきれているかです。最新の高性能ＰＣでソリティアしかしないことにならないように、スマホも処理能力限界まで使い倒したいものです。

逆にスマホのデメリットは、手軽にアクセスできてしまうゆえに作業が小間切れになりやすいことです。そのため、腰を据えて仕事をする必要があるときは、スマホではなくノートパソコンを使った方が作業効率は上がります。

何より、スマホの最大のデメリットはその中毒性。空き時間があったらどうしても触りたくなるのは避けようがありません。ただ、そこで本当にスマホに振り回されてしまうのはオトナとは言えませんよね。

スマホを使い倒す人は一流。

スマホに振り回されるのは三流。

誘惑を絶つには、一日の中でスマホを使わない時間はフライトモードにしておくといいでしょう。集中して仕事をすると決めたとき、通勤電車に乗っているとき、人と会っているとき、そして家で家族と食事をしているとき。

それでも誘惑に負けてしまう人は、電源ごと切ってはどうでしょうか。

やる気の5秒ルールに従うと、フライトモードでは5秒の間に使えてしまいますが、立ち上げに時間のかかる電源オフの状態であれば、一瞬の欲求を抑え込むことができます。私は一日に5、6回、電源を切っています。

近い将来、スマホはさらに高性能になり私たちの生活のなかにさらに入り込んでくるのは確実です。そのとき、「スマホは持っているけど全然使わないよ」とさらっと言える人が、もしかしたら価値が高いのかもしれません。

スマホを使わない時間を決めておく

5 情報に振り回されることが「情弱」

かつてネットスラングとして「情強、情弱」という言葉が流行りました。情報を持っているものが強く、持ってない者は弱いという意味です。

しかし、世界中の情報がグーグル社のもとに集まり、それがスマホから検索できるようになった今、**情報を持っているだけで強いという発想はもはや時代遅れです。**それに最近ではニュースとも呼べないような根拠の薄い「意見」のようなものがあたかもニュースのような体裁で飛び回っているのが現状です。こんな状況ですから、むしろ情報に振り回されている人が弱者で、いかに情報をコントロールできるかが強者だと言えるのではないでしょうか。

第一、ビジネスマンにとって重要なことは情報をどう活用して成果に結び付けることができるかです。情報収集や情報管理といった手段は、徹底的に効率を求めて行きたいです。

情報収集の概念をマトリクスで表すと、**情報の入手方法は「プッシュ型」と「プル型」があり、情報自体は「フロー」か「ストック」で分けられます**（下図）。

ここで重要になるのがプッシュ型とプル型の使い分けです。

プル型とは情報が「来る」状態にすること。自分に有益だと思われる情報は、自動的に集まるようにしておかないと情報の波に埋もれてしまう危険性があります。身近な例でいえば緊急地震速報。ビジネスツールとしてはグーグルアラートがその代

情報収集の区分

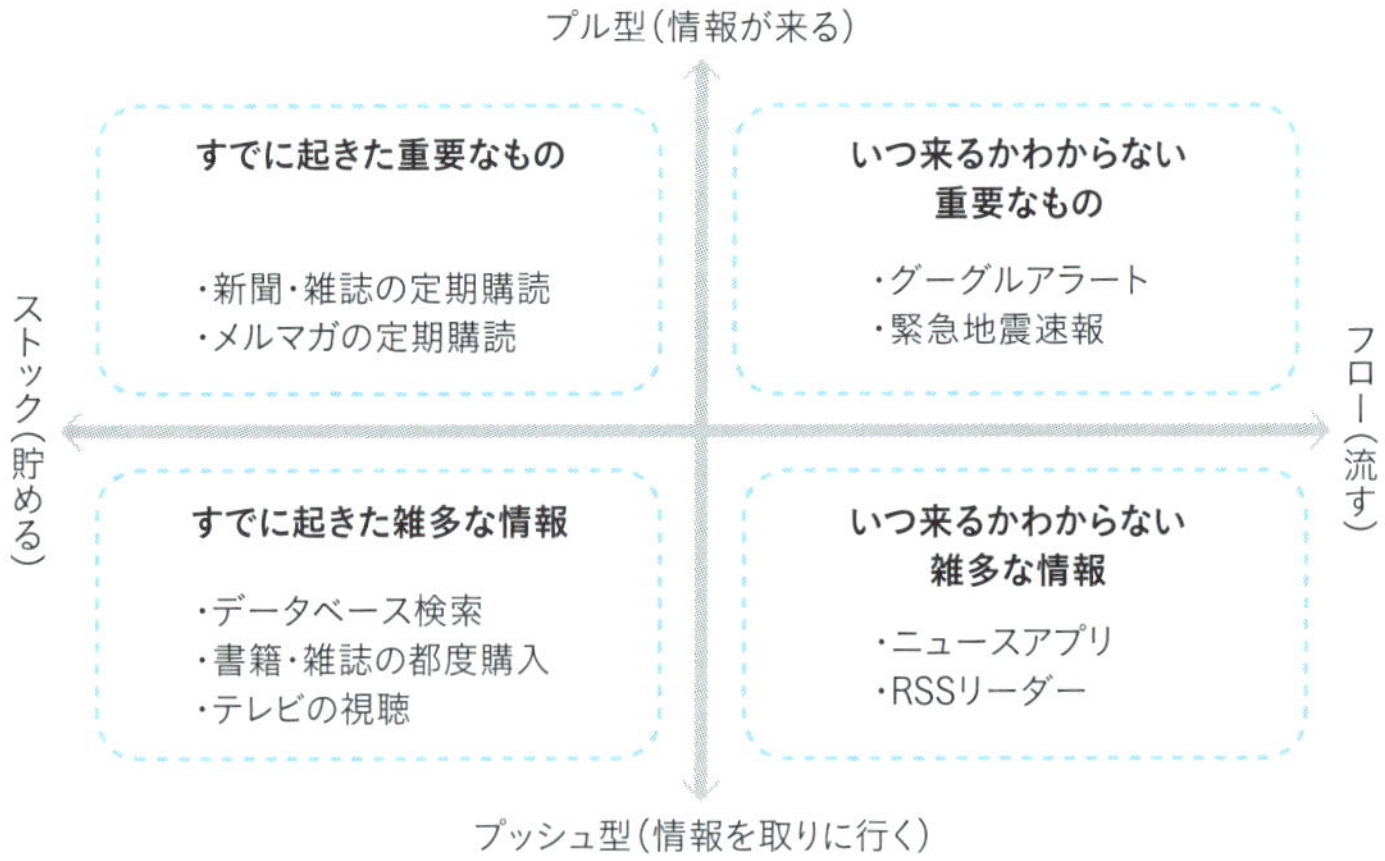

表例です。

一方、プッシュ型とは情報を「取りに行く」ことです。例えばニュースアプリで新しい記事が投稿される度にアラートが飛んできたら業務に支障をきたしますよね。このように、有益な情報とそうではない情報がごちゃまぜになっている情報源は、空いた時間を使って自分から取りに行くようにします。

ちなみに新聞は、定期購読していればプル型に分類されますが、情報活用における優先順位は昔ほど高くありません。年配の上司ほど「毎朝、日経新聞を読んでこい」と言いますが、**2次情報に鮮度を求めても効果が弱いので、日中でも夜でも空いた時間に読めば十分です。**むしろ、アウトプットをするのに最適な朝を、新聞を読む時間で使ってしまうのは非合理的だと言えます。ちなみに、私は新聞を一週間分まとめ読みしています。

このように、求める情報の質を見極め、それに応じて入手方法を割り振っていくことで情報収集の効率化を図っていきます。

もちろん、その情報が自分にとって有益なのかどうかの見極めが最初にくることは言うまでもありません。情報と接するときにいかに目的意識（テーマ）を持っているかでその見極めは変わります。目的意識のない情報収集は「ゴミ集め」と同じ。情報収集においても「やらないこと（要らない情報）」を決めることで、「やるべきこと（必要な情報）」に集中できます。

また、データ管理においても情報に振り回されない工夫が必要です。

かつて電子データは階層別のフォルダに分けて管理するしかありませんでしたが、扱うファイルが膨大になった今、ジャングルと化したハードディスクをかき分けて情報を探し出すのは時間とワーキングメモリのムダです。

エバーノートに代表されるように、**時代は「フォルダ」から「タグ」へと変わりました。**瞬時に保管できて瞬時に検索できる仕組みをどれだけ活用できるかで、情報のストックと自由な時間が両方、増えていきます。

情報の収集と管理は徹底的に効率化する

6 感情は解釈次第でいくらでも変わる

ある日、上司から怒られているとします。

「ムムム。なんでこの課長はいつも理不尽なことを言うんだ。他に働き口があれば今すぐぶん殴って辞めてやるのに！」。

明らかに感情をコントロールできていません。ストレスも溜りそうです。

では、感情をコントロールした状態を見てみましょう。

「こんな理不尽なことを言う奴が地球上にいるんだな。俺が将来部下をもったらこんなことは絶対に言わないようにしないと。それにしても今日の説教は長いな。これも3年後にこいつを顎で使うための修行期間だと思って耐えておこう」。

両者の最大の違いは何かというと、前者は反応むき出し、後者は前向きに状況を分析している点です。

感情の世界とは解釈の世界に過ぎません。

感情には反射と判断の2工程があり、最初の反射だけは抑えようがありません。むかつくものはむかつくし、怖いものは怖いのです。

すぐに怒鳴ったり、極端に落ち込みやすかったりする人たちは、この反射に振り回されっぱなしの状態です。

嬉しい、楽しいといったプラスの反射は、そのまま受け止めればいいだけです。問題なのは怒りや哀しみといったマイナスの反射。このとき、マイナスの反射を引きずったまま後工程の判断に入っていくと、マイナスの反射を増幅させるような判断をする可能性が高くなります。これが曲者です。

「あいつのせいだ！」と被害妄想に陥るのもそう。

「自分のせいだ！」と自己卑下に陥るのもそうです。

それを防ぐには、いかにマイナスをプラスに変えられるかしかありません。

リフレーミングという家族療法の用語がありますが、「捉え方」を変えることで、成果が出しやすい方向に判断を変えていくことができます。その捉え方とは「自分はハッピーエンディングの物語の主人公であると信じること」。そう考えることで、何が起きても未来をどう明るくするかしか考えないようになれます。

起こってしまったことは変えようがありませんし、今日という事実も変わりません。**でも、明日からをいかにワクワクした気分で迎えられるかは自分の意志で変えていけるのです。**

反射は避けられないが判断は変えられる

マイナスの反射をプラスに解釈するには、ひとえに経験を積むしかありません。俣野は会社員時代に感情が揺さぶられた喜怒哀楽メールをアーカイブ化して、なぜ自分がこのメールが嬉しかったのか、なぜ怒りを覚えたのかと、自己分析する時期がありました。するとそのうち自分なりの感情が揺れ動くパターンが分かるようになり、とくに気分を害するメールに対しては「またこのパターンね」と、冷静に感情をコントロールできるようになったのです。

7 食事制限ではなく食生活改善をする

You are what you eat（あなたはあなたが食べたものでできている）。

食事は毎日行う行為である上に、体に直接影響を及ぼします。

ただ、幸いにも食事は自分の意志で決められるので、積極的にコントロールしていった方がいいと思います。

居酒屋にいったら必ず揚げ物を注文する人。

ラーメンを食べるときにライスがないと満足しない人。

とりあえずビールを頼む人。

当の本人は「まあ、好きだからしょうがないよね」と思っています。

勘の鋭い方ならお気付きかと思いますが、これは先ほど述べたマトリクスでいうところの「好き／嫌い」の基準で、**盲目的に「好き」だけを選んでいる結果です。**

人の好き嫌いは習慣によっていくらでも変えられます。意識して脂っこいものを食べないようにしていれば体が受け付けないようになります。そのため、「好き／嫌い」だけを基準に考えるのはあまりに短絡的すぎると言えます。

もちろん「好き／嫌い」の基準はあっても構いませんが、そこにもうひとつ基準を当てはめることで、選択肢が変わってきます。

「長寿／短命」「健康／不健康」「グッドコンディション／バッドコンディション」といった、長期的な視野に立った、応用の効くものです。

よくありがちな「太る／太らない」という基準は不摂生な食生活を正すきっかけとしては悪くないですが、こちらも短期的で狭い発想です。とくにダイエットのように体重や見た目を基準にしてしまうと、過度なダイエットで体力が衰えることも正当化されてしまいます。

これらの点から言いたいことは、食事で体をメンテナンスするには食事制限にこだわるより、食生活改善にこだわる方がが大切だということです。

小川は会社勤めの独身時代、バランスの取れた食事を取りたくて毎朝自炊をしていました。魚焼き器に魚をセットして、シリコンスチーマーに野菜を入れ、パパッと味噌汁を作って納豆を用意するだけ。その間、7分。合間にシャワーも浴びるので時間も有効に使えます。

外食でバランスのいい食事が摂れるのであればそれでも良かったのですが、添加物だらけの食事を長期間摂取し続けるリスクを考えた結果、自分で作る選択肢しかなかったのです。

もちろん、たまに食べるから揚げは美味しいです。

食べたいと思ったら好きなだけ食べればいい。

禁欲生活を一生送る必要はありません。

ただ、その分の帳尻合わせは必ずする。その調整作業が自己管理です。

好き嫌いは短期的な判断。長期的な目線で健康を手に入れる

8 ライフとワークを分けて考えない

SNSを見ていると、よく「最近、ジムに行けてない」という主旨の投稿を見かけます。運動の必要性を自認することは素晴らしいことですが、ジムでしか運動できない理由はまったくありません。

「ジムに行けてない」と発言する人は健康維持の手段であるジムを目的化してしまっている印象を受けます。「ジムに行けてない」が「最近、運動ができていない」を意味しているのであれば、それは本末転倒です。

体を動かすだけなら日常生活の中でいつでもできます。

私は体のキレが悪いなと思ったら、朝の通勤途中に近所にあるマンションの非常階段の手すりにぶら下がり、おもむろに懸垂をすることがあります。と、いきなり書くと異常に思われるかもしれませんが、実はパリ市民の2人に1人は、エクササイズをするのにスポーツ施設を利用していないといいます（ルモンド調べ。2015年データ）。ちなみに歩道の手すりや柵を使った運動は「ストリートワークアウト」と呼ばれています。

「ジムに行かないと運動できない」と考える人は、ジム通いは仕事と同様、普段の生活とは相いれないものと考えているわけです。イメージとしては一日を大きなブロックごとに分割しているようなもので、各ブロックではそのことしかできないという考えでいるなら、ムダな時間が生まれて当然。一日にできることも限られてしまいます。

そうではなく、私が大切にするのは、その両方を包括する上位概念。生活と行動の一致です。一日をどう分けるか決め打ちしないで、いかに同時進行させられるかで考えた方が、達成できることの数は断然に増えていきます。

生活と行動を分離して考えない

9 「体重」より「体脂肪率」を気にせよ

自己管理ができる人は、日頃から食事と運動に気を使って体重をコントロールすることができます。

普通の人が体重を気にしだすタイミングは、他人から「最近、太った？」と指摘されたときくらい。そこからダイエットを始めて毎日体重計に乗りますが、体重が少し落ち始めたら体重計は押入れの中に戻されてしまいます。**その繰り返しでは、自分が太っているときの感覚は覚えても、ベストな状態のときの感覚を覚えることはありません。**

本当に自己管理ができている人は自分にとってのベストコンディションがどれくらいの感覚なのか身に付いているのでたまにしか体重計に乗りません。

軽すぎず重すぎずのベストな状態だと思ったときこそ体重計に乗ってみてください。認識のズレの話で取り上げた、水平の高さを体で覚えることと同じです。

正しい基準さえ覚えてしまえば、極端な話体重計に乗る必要さえないのです。

さらに言えば、ベストなコンディションを維持することが目的ですので、体重だけを基準にすることに意味はありません。私はむしろ体脂肪率を基準にしています。

動物は寒期になると皮下脂肪を増やして自分の体を守ります。それとまったく同じ理屈で、私は秋になると脂肪率を徐々に増やし始めて真冬のピーク時には真夏の脂肪率より2~3%多い状態にするようにしています。そのため体重は増えます。そして暖かくなってくると徐々に体を軽くしていきます。「そんなことできるの?」とよく言われますが、毎年やっていれば誰にでもできるようになります。確認のためにたまに体重計に乗ることはあっても、予想との誤差は1kg未満、体脂肪で言えば1%もありません。

外部環境(この場合は寒さ)に応じて自分の体質を適応させないからこそ、体質をニュートラルに戻すための治療コストがかかります。皮下脂肪を増やして寒さに備えていれば、風邪も引きにくくなりますし、ホッカイロやしょうが汁を買う必要もなくなります。

最近の体重計には体組成計が付いているので、昔はそれを参考にしながら調整するようにしていましたが、今では感覚で身に付いているのと、自分がどんなことをすれば脂肪率を増やしたり減らしたりできるか分かっているので、わざわざ体重計に乗る必要はありません。

何も精密機器のような生活を送れと言っているわけではありません。

1％の誤差などどうでもよく、自分の基準を感覚として認識していることと、その基準から5％、10％と離れないようにコントロールする努力をすることが重要です。

基準とは反復測定によって身に付けられる

10 自己管理は治療より予防を優先

自分のコンディションを維持するというのは車体整備のようなものです。人間にとってコンディションの土台をなすのは、「休める」「食べる」「動かす」の3要素だけ。きわめてシンプルです。工場の製造ラインに例えるなら、この3つの要素が前工程（最初にやること）であり、何を学習してどう効率を上げるかといった話は後工程になります。寝不足のときに勉強しても頭に入らないのと同じで、前工程での失敗は後工程では取り返せません。

また、車にあまり詳しくない人ほど車が故障したら修理（治療）すればいいと考えますが、車に詳しい人であれば日頃の定期点検（予防）に注力した方が安上がりだということを知っています。

点検（予防）は低コストで低負担。修理（治療）は高コストで高負担です。

例えばこまめに歯医者に通うことで、抜歯が必要なほどの虫歯を防ぐことができき、トータルで見た時間、治療費、そして痛みは減ります。

それに予防であれば空いた時間を使って通院するだけですが、いざ虫歯が痛くなってしまったら何を差し置いても通院しなくてはいけない状況に追い込まれます。**良い大人になって虫歯治療に出かけているようでは自己管理ができていないと言われても仕方がないでしょう。**

仕事でたとえるなら、上司にこまめに報告しておくことで大きなミスを回避するようなもの。一見面倒くさくても予防手段を講じておくこと

▌緊急度が高くなると対処にかかる費用も高くなる

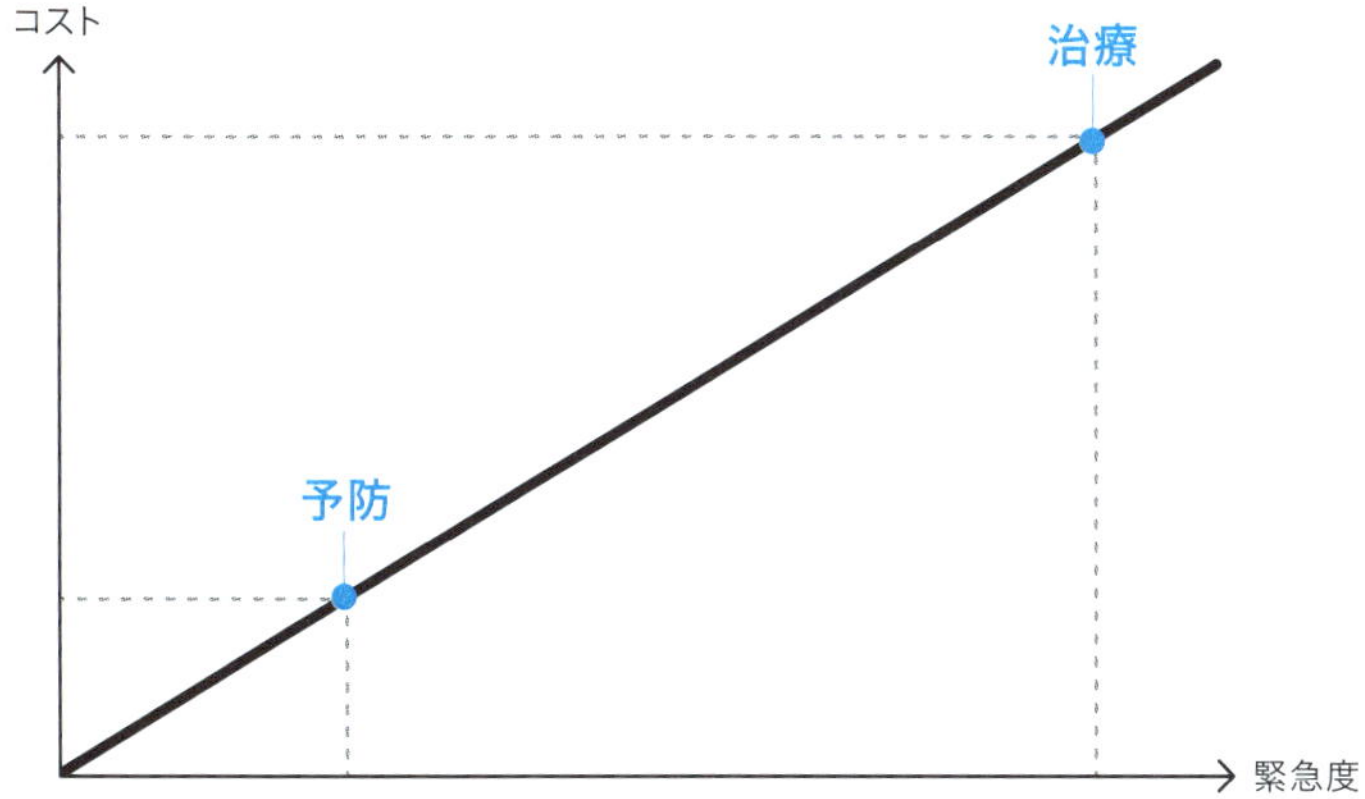

で、長期的に見れば大きな損失を防ぐことができるのです。

私は毎年6月と12月に歯医者に行くと決めています。ただ、半年先のことを覚えておくのは面倒なので、グーグルカレンダーにセットして、月の頭に「歯医者の予約を取る」という通知がくる仕組みにしてあります。

気乗りしないことはシステマチックにタスク化した方が動きやすいですからね。

治療は高負担高コスト
予防は低負担低コスト

Column

「お礼状を手書きで送る」は一流の習慣なのか?

仕事でお世話になったり、ご馳走になったり、物を貰ったときに送るお礼状。大半のビジネス書やマナー研修では、お礼状は時間を空けずにすぐに書いて出すものだと教わりますが、果たしてどうなのでしょうか。

結論から言うと、お礼状を出す必要はありません。

ビジネスの付き合いを丸い的に例えるなら、的の中心にあるのは「相手に価値を提供すること」です。これは「絶対にやらないといけないこと」。そして、その周辺には、お礼状を出すといった習慣にように「やったほうがいいかな」というレベルのことがたくさんあります。つまり、1時間もかけて丁寧に手紙を書く時間があるなら本業に時間を割いて、それをもって相手に報いることの方が、はるかに相手に報いることができるということです。

「やったほうがいいかな」というレベルのことはあまり多いので、そこに時間を取られて中心がスカスカになっては意味がありません。むしろ的の周辺にあるものはできるだけ人生の選択肢から排除して、的の中心にフォーカスしましょう。的の周辺ばかり狙って成功した人など聞いたことがありません。

今回のケースでは、多くの人がお礼状を出すことを的の中心、つまり絶対にやらないといけないことだと信じていることが問題です。本人が中心だと思っていたのに、実は周辺を狙っていた。この状態を「的外れ」と言います。

「これだ！」と思ってやっていたことが実は間違えていたということはよくあることです。原因は価値観のズレ。いま自分が限りある時間と労力を割いて努力していることが「的外れ」な結果を生まないように、価値観のズレはなるべく早い段階で修正していきたいところです。そのためにはもっと一流の人たちと接して、一流の価値観を知っていかないといけません。

理想的な形は、的の中心を必死で狙いつつ、周辺の「やったほうがいいかも」レベルのことを仕組み化してしまうこと。例えば、名刺を貰ったらクラウド経由で秘書が代筆してくれるようなルーチン化です。手間がかからないのであれば、やったほうがいいわけですから。

第5章

成長を加速させる「毎週・毎月の習慣」

First-class weekly and monthly habits

1

毎週、振り返りと課題の整理を行う

職場ではやたらと「ＰＤＣＡを回そう」と口にする人が、自分のことになると振り返りをまったくしないのはいただけません。

振り返りの目的は、目標に向かっての成長を実感することで、さらに成長を加速させるためのもの。

個人で行う振り返りの方法としては、週報がおすすめです。なぜ週報がいいのかというと、比較内容や比較日数が必ず同じになるからです。「１カ月」では日数が異なります。また、「１日」では、日報を書く手間のために作業がルーチン化したり、忙しい日は書かなくていいことが正当化されてしまったりする職場がほとんどでしょう。

当然、設問は同じでも回答は変わってくると思います。それが正しい状態であって変化の証です。もし回答が変わらないのであれば、それは設問が間違えているか、成長していないかのどちらかになります。

小川が社員とクライアントのために作った週報をここで紹介しましょう。設問と合わせて解説も入れています。あなたが目標とされていることを思い浮かべながら読み進めていってみてください。

① 過去一週間、やろうとしていたことは何ですか?

まずは振り返りです。前週に立てた目標を実行できていたかがポイントです。これを繰り返すことで予測の精度が高まってきます。これを予実(予測と実績)管理と言います。

② 今週実行したことで「特筆すべきこと」「将来の仕事を楽にすること」はなんですか?

投資したこと、勉強したこと、挑戦したこと、仕組みづくりをしたことなど、重要なことだけを記載します。もし思い浮かばなかったら「自慢したいこと3

つ」「失敗しちゃったこと1つ」を書き出してみてください。

③ 10年かけて願いがひとつ叶う魔法を持っています。何をかなえますか？

結果を考えてから、そのプロセスを考えてください。ポイントは「どうなりたいか」→「そのためにどうしたらいいいか」→「そのために何を手に入れればいいか」という順番で考えることです。

④ その願いを実現する上で、課題になっていることはなんですか？

現状と目標とのギャップをしっかり認識しましょう。そしてその課題が「変えられる」ことであれば自分の今後の課題とし、「変えられない」ことであれば、「他に変えられるものはないか」問い直してください。

⑤ それをすでに解決している人、参考になる人、質問すべき人は誰ですか？

成長の基本は先人に学ぶことです。自分で解決する必要はありません。身近なところにいないならネット検索してでも探してください。

⑥ 今週死んでしまうかもしれません。
この一週間でやめるべきことはなんですか?

この本で再三書いている通り、成果を出すには「やらないことを決める」ことを優先しましょう。すでに習慣化されたことをやめることは自分の意志だけでは覚束ないので、他人と仕組みのチカラを活用しましょう。

⑦ これからの一週間、やるべきことはなんですか?

今の自分にとって本当に重要なことだけを書けば十分です。もしまだやれていなくて、いつかやりたいと迷っていることがあったら、ここに書きましょう。

⑧ 実行にあたり問題になりそうなことはなんですか?

今後起こりうるあらゆるトラブルも、事前に想定して解決法まで考えていれば怖いものはなくなります。これは事業を進める上でも非常に大切な考え方です。

⑨目の前で「自分」で悩んでいたら、どんなアドバイスをしますか？

この設問で自分をコンサルティングする視座の高さが身に付きます。設問⑥〜⑧の内容だけでは解決できないのであれば、どんな言葉をかければいいのか。そのとき、「がんばれ」「気合を入れろ」といった標語では意味がありません。解決へ向けた「行動」を示してあげないと人は動きません。

⑩それで、資産は増えましたか？

とくにビジネスの場合、もっともシンプルな基準はお金です。個人でこのセルフフィードバックを応用するなら、「資産」の部分を自分にとって幸せだと言えるものに置き換えてもらって構いません。ただそれが「知識欲」「やりがい」「人脈」などの、趣味や言い訳と見分けが付かないような目標は避けましょう。

以上がセルフフィードバックの設問になります。

保野も私塾で似たような週報を受講生に提出してもらっています。月報も行いますが、基本となるのは週報です。

受講生にはその週報にある設問を普段から持ち歩くように奨励しています。毎日メモを残すことを習慣化している受講生は目に見えて成長の速度が違います。

思考のクセとして、振り返りの設問が脳内にインストールされるからでしょう。

この章で紹介したセルフフィードバック用の週報は、巻末にてＰＤＦをダウンロードできるようにしました。慣れないと難しいので、最初のうちは上司や先輩に相談して、フィードバックを貰える仕組みを作ってみてください。いきなり成果は出ませんが、行動の変化はすぐに出るはずです。

成長を実感することで成長を加速させやすい仕組みを作る

2 週に1回、必ず会社の掃除をする

自己管理マニアを自認している小川ですが、掃除は考えただけでめまいがするくらい苦手です。すぐに散らかしますし、片付けるのも嫌い。独身時代の私の部屋もかなり散らかっていました。片付けようとしても面倒くさいですし、そのうち出しっぱなしの方が効率的なようにさえ見えてきます。

そしてある日、ようやく気付きます。**「モノが無ければ散らかりようがないよね」と。**それを機に徹底的にモノを捨てました。洋服も最小限しかなければ、洗濯をしないといけないので脱ぎっぱなしにはしなくなります。

何事もすべて完璧にこなす必要などありませんし、ましてやそれが自己管理の目的でもありません。家を綺麗にするには、「モノを捨てる」以外にも、「モノを買わない」「毎日掃除をする」と言った複数の選択肢があるわけです。ただ、モノを買わないというように、やりたいことをしない選択肢は、自己管理の中で最

も難易度が高く、苦痛が伴います。また、掃除が大嫌いな人にとっても毎日掃除をすることはかなりの負担です。苦痛なことは一生続けるべきではありません。

家を綺麗に保つことが最終目標ですから、それを達成できることの中から「負のサイクル」がどういうメカニズムで構成されているのかを把握し、それを解決するためにやれることをやる。それが私の場合は、モノを捨てる選択でした。

いざモノがなくなると、部屋が汚れようがなくなりますし、掃除も格段にラクになります。さらに、その状態を維持しようとモチベーションも芽生えてきますので、私の部屋は劇的に綺麗になりました。

ボーリングでセンターピンを倒すと後ろのピンも倒れていくことと同じで、前工程をひとつ変えると、後工程にもその変化が大きく波及していくものです。だからこそ、自己管理をするときはセンターピンだけを狙うようにしましょう。

ちなみに私は、机の上もかなり散らかします。

どうやら発散型の思考をしている人ほど机が汚いそうで、スティーブ・ジョブス、ザッカーバーグ、アインシュタインなどの机が汚いことをインターネットで知って少し励まされた記憶があります……。

とは言っても、「キャンバスの大きさは思考の大きさである」と言う言葉があるように、作業スペースが広いことにこしたことはありません。いくら掃除が苦手な人でも、せめて終わったプロジェクトの資料などは本棚にしまうなど、明らかなムダは排除していくべきです。私は毎週末、必ず会社の掃除をしています。事務所全体の掃除をすることが主な目的ですが、その流れで自分の机の上とパソコンのデスクトップ画面も整理しています。

普段の生活では持っていないものに対する意識が強くなりがちですが、その意識をいくら持ったところで幸福度もパフォーマンスも上がりません。だとしたら「今の条件で今以上のパフォーマンスを出す」ことに集中した方がいいのではないでしょうか？　掃除は人に「持っているもの」が何か教えてくれます。

苦手なものはタスク化すればいい

3 必ず進捗させるプロジェクトを持つ

いくら自己管理をしようと、目の前に降りかかる仕事に追われて忙しくなってしまうのは、もはや避けようがありません。

私の会社では、毎週木曜日に社員全員参加のミーティングを行っています。そこで話し合うのは全社目標に対する各社員の行動目標決めと前週の結果報告です。最終目標が達成できたら、次のプロジェクトを考えます。

もし社員が前週に決めた行動指標を実行できていなかった場合は、「なぜできなかったのか」「どうすればできるようになるのか」を徹底的に詰めていきます。その社員がどれだけ忙しく働いているのか私も分かっていますが、そのミーティングの席では生易しい言葉はかけません。

会議にはオンラインでの参加も許可しています。ただし、年に2回だけ。そのため社員は皆、出張や有給休暇のスケジュールを立てるときでも木曜だけは会社にいるように調整しています。

徹底的に厳格化し、執拗に行動指標にフォーカスを当てたわずか20分のミーティングではありますが、その効果は絶大です。

「戦争のプロは兵站を語り、戦争の素人は戦略を語る」という有名な言葉があります。社員はみな頭が良くて優秀なので、戦略や意見はいくらでも出てきます。しかし、短期的な業務に追われるばかりで行動に移せない状況が続いていました。

そのときに経営者仲間に教えてもらった『戦略を実行する組織、実行できない組織』という本に書いてあったのがこのミーティングです。与えられた仕事をこなすだけでは主体性がなくなりますが、行動に落とし込んでいって毎週自ら追いかける状況を作ると、いつしかそのプロジェクトは自分事になり、工夫をしはじめます。そうなったら狙い通りです。

この手法はとくにチームを指揮されている方に自信を持っておすすめします。プロジェクトが確実に動き出すこともさることながら、チームで動いていればグループダイナミクスも期待できるからです。

メンバーが何人もいれば、自己管理ができる人とできない人で分かれます。普段の業務だけではお互いの頭の中はブラックボックス状態ですが、行動にフォーカスを当て、要因分析と課題解決について具体的に話し合う場をもうけることで、自分が知りえなかった（起こしえなかった）ケーススタディを学ぶことができます。「そんなところに落とし穴があるのか。気をつけよう」「あれくらいで褒められるんだ。よしもう少しだな」と思うことがあるわけです。

行動にフォーカスした進捗管理は、個人にも落とし込めます。

自分にとって重要と思われることの中から、なるべくゴールの期限が区切れて、結果が指標として表れるものを選んでみてください。

資格勉強などは分かりやすいですね。試験日から逆算して合格するために必要なことを整理してスケジュールに落とし込み、暫定的に1週間単位の行動指標を決めていきます（毎週、調整していきますので厳密である必要はありません）。

例えばある週は「問題集の5章をやる」と決める。そして一週間後に進捗の確認と次週の行動決めを行う。そのとき、自分ひとりだからと言って「来週頑張ればいいや」「目標を下げようかな」と甘えてしまっては意味がありません。

「予定の8割しかできなかった。原因は飲み会が多かったか？　いや、飲み会があることは分かっていたから時間の使い方が間違っていたはずだ。時間を削れるタイミングはなかったのか？　そういえば通勤電車でゲームばかりしていたな……」といった、自分への厳しい問いかけを毎週決まった日に行います。

そこで出てくる「できない理由」はすべて言い訳です。それすら想定できていなかった自分を責めましょう。こうした反省を繰り返していることで確実に「行動できる自分」に変わっていくことができます。

自分1人で進捗管理と行動決めをするだけですから、15分もあれば十分です。前述の週間セルフフィードバックと合わせるとなお効果的です。

戦略よりも実践力！

4 支出配分は戦略的に決める

会社員は売上（給与）が固定で、支出が未定。

経営者は売上が未定で、支出が固定。

かなり抽象化しましたが、基本的にはこれが両者の決定的な違いです。お金を稼ぎたいなら経営者は売上の中身を先に考え、会社員は支出の中身を先に考えるのが、ごく自然な思考の順番になります。

昔から日本には「死に金」「生き金」という表現があります。生きたお金とは価値を生み出してくれるもの。死に金とは価値を生まないものです。

これを現代語で言い直せば、「利回り」になります。

「お金を払った結果、何をどれだけ得られるのか？」

豪華な食事を1人でするくらいなら、普段は質素に済ませて大事な人とごはんをするときに奢ってあげた方がはるかに大きいものが得られます。または、浮いたお金で本を2、3冊買えば、一生消えない知識や経験値を得ることができます。もし「生き金」の使い道が複数あったら、自分のポートフォリオ（投資戦略）で一番利回りを生みそうなところに投資しましょう。

人生は楽しい方がいいので趣味やストレス発散にお金を使うこともあると思います。そのときでも、費用対効果をしっかり考えるクセをつけておけばムダな出費を抑えることができます。このあたりのバランスは、自分にとって重要なことが何なのかによって変わってきます。

制約があるものほど戦略的にやりくりしないと最大の成果は出せません。その点、会社員は給料がコントロールできないわけですから、それをどう配分するかくらいは徹底的にコントロールしないといけません。

お金だけではなく、労働も有限です。何か仕事をするとき、「果たしてこの作業は時給以上の価値を自分にもたらすのか」と問いかけられるようになると、「やるべきこと」「やらなくていいこと」が見えてきます。

支出を利回りで考えるときに重要なことは、長期的な目線を持つことです。

友人にごはんを奢ることができる人は、長期にわたってその人と関係を築いていきたいと思っています。同じく、本を読む人は長期にわたって成長していきたいと願っています。短期的な目線しか持っていないと、人はそのときの欲求に突き動かされてしまうだけです。

お金を積極的に使うことはいいことだと思います。**ただし、「そのお金が次のお金を生み出す」ところだけに集中して使って、他には一銭もかけない。これがお金の使い方の基本です。**

事業でもまったく同じで、私の会社では社員が経費で5万円のセミナーに行くことは奨励しますが、経費で100円のペン立てを買ってきたら怒ります。「これがお客様のためになるのか？」と。

成長も変化も実感できず、モヤモヤした毎日を送っている方がいらっしゃったら、今度財布を開くときにこの利回り発想を持ってみてください。お金の使い方が変わると必然的に日々の行動も一変するはずです。

さて、世の中には浪費家がいる一方で、やたらと貯金する人もいます。

目的があってお金を貯めることは立派です。ただ、ゼロ金利政策の日本で明確な目的もなく眠らせているお金は死に金以外の何物でもありません。企業なら株主から突き上げられているはずです。もし、将来の先行きが不安だからという理由で貯金しているなら、むしろ現状を変える方が先決です。

とくに不思議なのは「お金を稼ぎたい」と言う一方で、せっせと貯金をしている会社員。明らかに何かが違います。

会社員であるメリットは毎月給料

「使わなくてもお金が増える」ことが本当の節約

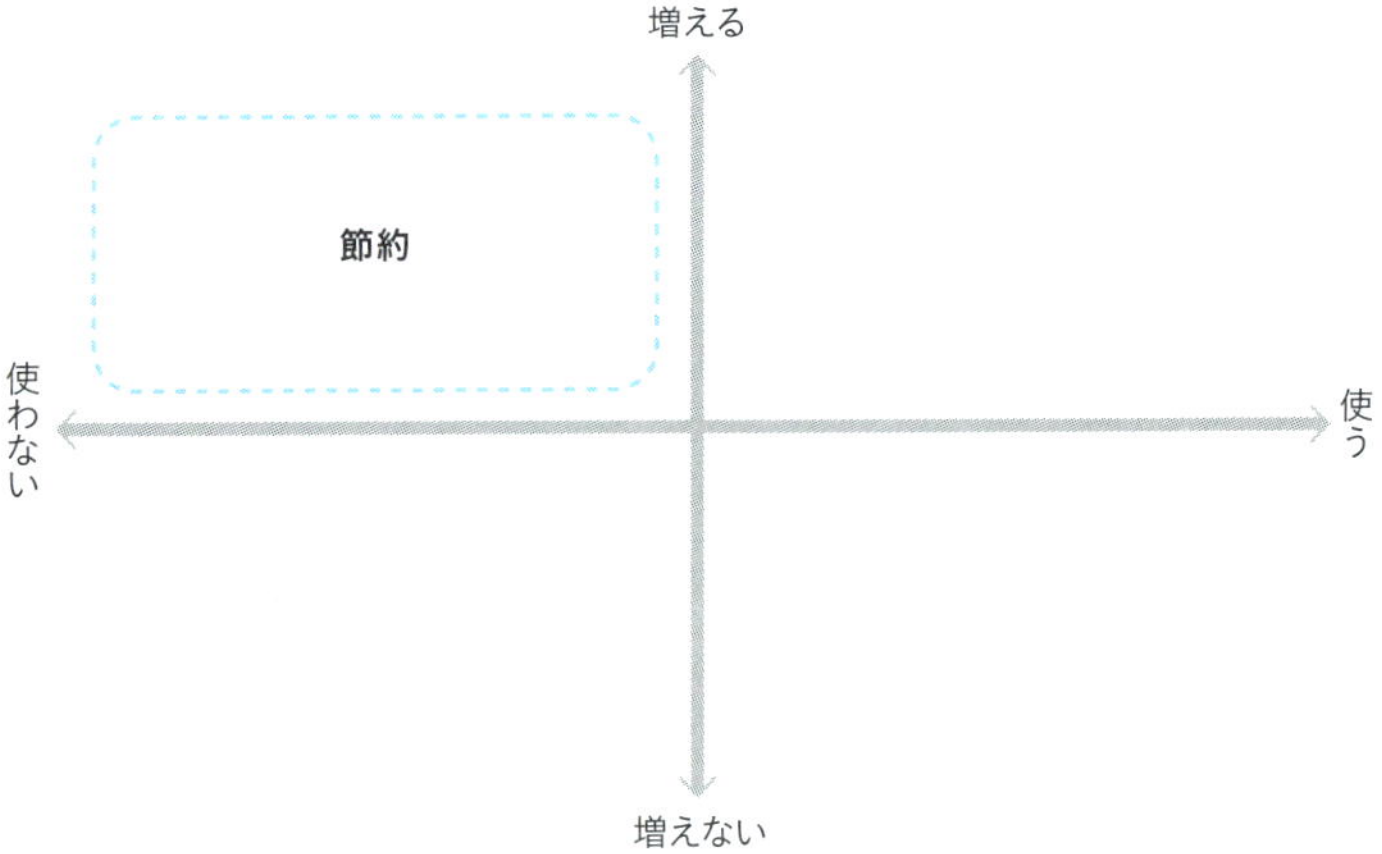

が入ってくること。そして、業務上の損失を個人で払う必要がないことです。元本保証された金融商品の利率が低いように、会社員は「安心代」を買うかわりに経営者より給料が安くなっています。

お金を増やすなら「収入」か「資産」のどちらかはリスクにさらさないといけません。その両方で安定を選んでお金が増えるほど世の中は甘くありません。

「収入」をリスクにさらすとは転職や起業をすること。「資産」をリスクにさらすとは投資をすることです。

無目的な貯金は究極の死に金

毎月の習慣としてお金の使い方を管理したいのであれば、そのお金の使い方を3つのパターンに分類して考えてみましょう。

すなわち、①消費、②浪費、③投資です。消費の見返りは、必要性。浪費の見返りは、快楽。そして、投資の見返りはリターンです。

5 月収23万円で15万円を自己投資に回した過去

固定給のうち、いくらをどこに投資するのかは悩みどころだと思います。最近ではサラリーマン向けのＮＩＳＡなどが流行っていますが、少額の分散投資ほど意味のないものはありません。

仮に金融商品に２００万円を投資して3%の利回りがあったとしても、年間たったの6万円。月にしたら5千円です。インフレプレミアムで一瞬のうちに帳消しになってしまうような利益を追求して、「俺は資産を運用している」と得意気になっている人がいたら「一体何を目指しているの？」と問いかけたい気持ちになります。

収入面で安定をすでに手に入れている会社員が本気でお金を稼ぎたいなら、３%でも30%でもなく、３００%、３０００%の利回りを狙う発想が必要です。

もちろん、そのような金融商品はなかなか存在しません。ベンチャー企業に出資をすることくらいでしょうが、経験の浅い初期状態では、おすすめしません。

では、お金がないときに最高の利回りを生む可能性を秘めている投資対象はどこかと言えば、自分自身です。

小川は会社員時代、ある投資家の方に怒られたことがあります。

「しょせん今のお前が貯められるお金なんて知れているんだから、金融商品なんか買うな。それを全額自分に投資しろ。そしてお前が投資される男になれ」と。

それで目が覚めた私は、残業代も入れた手取り23万円の月給のうち、15万円を自己投資のために使うようにしました。

本を大量に買い、小さな実験を重ねていき、一流のお店に行き、成功している先輩たちと飲みにいき、起業のために少し貯蓄し、とあれこれ再配分していくと15万円でもあっという間に消えていきます。

未来のための投資は楽しかったですが、困ったのは生活費の方です。都内在住で月に8万円で生活するわけですから、巷のフリーターの方がはるかに優雅な生活を送れます。風呂なし・共同トイレの恐ろしく古いアパートに引っ越して（ただ住む場所は重要なので会社に近い港区）、新聞が買えないので近所のホテルのロビーに通うような生活を続けました。

結果的に香港のＶＣ（ベンチャーキャピタル）とつながることができ、開業資金、人的資源、ビジネスコネクションまで準備してくれて無事に独立に成功。あのときはっぱをかけてくれた投資家の方には感謝しきれません。

私の場合は起業という明確な目標と、極端にリスクを取りにいける性格（全部失ったらまたやりなせばいいさの精神）を持ち合わせていたので、このような生活を送ることができましたが、普通の人には難しいかもしれません。

ただ、自分に伸びしろがあると思えるなら、リスクを取れる範囲で積極的に自己投資した方がいいと思います。「毎月給料入ってくるんだから、これくらいなら無くなってもいいかな」という額を使い、上手く行ったら1位抜け。上手く行かなかったらドンマイだと思えるかどうかです。

とくに自己投資は蓄積したものは無くならないことが利点です。明日、会社が倒産しても自分の知見や社外で築いた人脈は消え去りません。

ただ、**自己投資の場合は自分が働かない限り価値が生まれないので、自己投資をする時点で自分を労働にさらす覚悟が必要です。**もし、自分が働かないで他人が価値を生む仕組みを望んでいるなら、自分に投資するよりも優先的に他人に投資する選択肢を検討しないといけません（他人にチャレンジできる環境を与えて育てるなど）。

また、ひとりの人間は変数（不確定要素）が多いので、いつ成果が出るのか、そもそも成果が出るのか、やってみないことには分りません。

そのため短期で一喜一憂せずに、長期トレンドをしっかり見極めること。そして、長期で見て成長を実感できないなら、それは投資戦略を誤ったと判断して早めに損切りする勇気も必要になります。

最も高利回りで低リスクの投資対象は自分自身

6 趣味でもパーソナルトレーナーを雇う

私は以前、経営者仲間とキックボクシングに熱中していた時期があります。当時の私はパーソナルトレーナーに無理を言って、毎週日曜の朝6時にマンツーマンの指導を受けていました。

この話をすると「お金があるからできるんでしょ」と言う人がほとんどですが、私の中では「仕事をこなしつつ、最短で上達するためにはどうしたらいいか」を考えた結果、他人の時間を買うことに投資効果を見出しただけです。

もちろん何をリターンに求めるのかで、どれだけお金を使うのかは決まります。もしお金がもったいないなら、その道のベテランにご飯をご馳走して教えてもらうのでもいいでしょう。

とにかく、何事も上達したいのであれば、「自分ひとりでやる」ことをスタート地点にしないことです。**まずは師匠から基本となるルールと型を徹底的に学んで、それを守ることです。自己流に調整をするのは後工程。**

私のプレゼンテーションの師匠である野村尚義さんは、「Re-Create」（再創造）というプレゼンメソッドの中で興味深い話をされていました。

「もし、あなたが『たい焼き』を焼くことになったとして、どうやって作りますか？ たい焼き器の型を使いますか？ それとも、ホットプレートでウロコを楊枝で細工してしながら作りますか？ 時間と出来上がりを考えれば『型』を使った方が当然キレイにできますよね。『型』を使うというのは、『速度』と『質』の両面で有効です」と。

ルールと型の重要性は会社でも言えます。

俣野はシチズン時代、アウトレット事業の責任者として小売の現場も統括していました。小売なので新しいスタッフが続々と入ってきますが、そのとき徹底したのは基本の型を集中的に覚えてもらうことです。個々の性格を活かした接客をしてもらいつつ、これだけは外すなという基本中の基本だけを徹底してたたき込みました。

その過程で痛感したのは業界経験者の扱いづらさです。

外部から新たな刺激を運んでくる利点もありますが、他の会社で習慣づいてしまったクセは、いくら言っても治りません。むしろ、業界未経験者で「私でいいんですか？」と言ってくる素直なスタッフを一から教育した方が成長が早かったりします。

新入社員にルールと型があるように、課長にも部長にも専務にも社長にも、それぞれの役割に応じたルールと型があります。そして会社や業界が変われば別のルールと型があります。新たな世界に飛び込んで、自分にルールと型を教えてくれる人がいないときは、外部のチカラを使ってでも自分の師匠となる人を探す。それが成果を出す近道です。

成果を出す人ほど教えを乞う

7 起業するなら本を1000冊読む

ビジネス書を何冊か読んで、最初から最後まで斬新な内容だと思ったら、自分の読書量はまだまだ足りないと思った方がいいかもしれません。

ドラッカーの本も、みんな最初は刺激を受けながら過去の本を読み漁りますが、2回、3回と読み込んでいくと、「なーんだ。書いてあること同じじゃん」と理解できる瞬間が訪れます。これが本質に近づいた裏付け。著者と出版社がサボっているわけではなく、本質はそう簡単に変わるものではないからです。

本質に辿り着くことできて初めてその本は自分の血肉となります。

そのレベルに至るためには、ひたすら読み漁って自分の思考力、知識、視座を磨く努力を続けることが不可欠です。量があって初めて質が生まれます。

起業を考えている若い人がいたら目安として1000冊は本を読んでみてはどうでしょう。もしゼロからのスタートなら、月に20冊で4年です。

「本を読む時間がなくて」と言い訳をする人がたくさんいますが、それは「本を読まないから時間がない」のだと、本田直之氏の『レバレッジ・リーディング』（東洋経済新聞社）で書かれています。本を読めば他人の経験や知識を学ぶことができるのに、それを活用しないで自分で道を切り拓こうとするのは人生の遠回りをしているのに等しいわけで、時間が足りなくなるのは当然です。

小川は1年で600〜800冊の本を買っています。人にすすめられた本は必ず買い、気になる著者がいたらその人の本をすべて揃えます。ちなみに超一流の人たちの中には、月に50万円も本に投資している人もいます。

ビジネス書はたかだか1500円くらい。普通の会社員にとってはもっとも気軽にできる自己投資の手段ではないでしょうか。それを高いと思う人は、その投資の蓄積が大きな成果を生むという想像ができていません。会社員ならではの時給発想の弊害です。

俣野が読書に熱中しだしたのは社内ベンチャーを任された30代前半のとき。遅咲きだったのは、役職の低い20代のころは自分の経験や才能だけである程度仕事が回せてしまっていたからです。

しかし、いざ事業をしようと思ったとき、自分の持っている情報量では圧倒的に足りないことを気付かされ、焦りました。そこから藁をもすがる思いで本を読み漁りました。

日本には正社員が3300万人もいます。しかし、ビジネス書は10万冊くらい売れたら大ベストセラーです。割合で言ったら1％未満。しかも、正社員以外の人も当然読むので、実際の割合はさらに低くなります。つまり、**本を読むこと自体に希少価値が生まれる時代になっているわけです。**

本を大量に買っていると、たまに周囲から「よくそんなに時間が作れるね」と感心されることがあります。しかし、それは完全な誤解です。会社を経営しながら毎日3冊ペースで読破できる時間はさすがにありません。

小川の場合は年間1000冊買っても、通読するのは200冊くらい。精読となるとさらにその20％くらい。精読するのは今の自分にとってとくに重要だと思う本だけ。しっかり腰を据えて読み込み（とくに実務書であれば読んでいる途中でも実践に移してしまうのでやたらと時間がかかります）、線とメモ書きと付箋だらけにして、数回読み直します。そして著者の思考プロセスがイメージできるようになったときが読了の瞬間です。

それ以外の本は基本的に流し読みです。

そのかわり、購入した本は自炊業者（書籍スキャン代行サービス）に依頼をして、自分だけのデータベースとして保管しておきます。ＯＣＲで文字判別できますから、データはグーグルドライブに入れておいて必要なときにキーワード検索で引っ張り出せる仕組みにしています。

自分がやるべきことは判断を下すことであって、情報収集に熱中することではありません。 参考程度に買った本であれば一字一句読む必要はないのです。

哲学に思想の系譜があるように、現代のビジネス書で語られることには大元になる理論やメソッドが存在します。その源流をたどっていけば原書があり、さらにたどっていけば古典に行きつきます。

現代のビジネス書はトレンドを学ぶことに適しているので数をこなした方が有

利です。一方、源流をたどるほど本質を学ぶことに適しているので、じっくり腰を据えて読む、という読書法がおすすめです。

分厚い原書が苦手ならソーシャルリーディングはどうでしょうか。各人が割り振られた章だけを読んできて、1章から順にその章の内容を口頭でプレゼンしていくのです。この方法は普通のビジネス書でも使えます。ある本をチームで共有したいと思ったら「今から20分でひとり1章読んで会議室に集合。プレゼンは5分以内で」と指示を出せば、5章構成の本なら45分で1冊の要点が分かります。

六本木ヒルズのオフィスワーカーが中心に集まる「ツンドクブ」（読まずに積んでしまった本を1時間で読む読書会）が、定期的にソーシャルリーディングの会を開催していますので興味のある方は是非参加してみてください。

ビジネス書は良いとこ取り。原書や古典は腰を据えて精読する

8 人生を変えた本を尋ねてみる

読書の楽しみのひとつは本選びにあると思いますが、本屋ほど情報が飛び込んでくる場所はありません。本屋は一見、ずっと同じ本を置いているように見えて、ものすごい勢いで新陳代謝を繰り返しています。定点観測していれば、世の中のトレンドが分かり、さらに自分の関心領域にはなかった本との予期せぬ出会いが生まれるのも本屋ならではの魅力です。

週に1回、通勤途中にある本屋に5分だけ立ち寄るのでもいいですし、待ち合わせをするときに本屋を使うようにするだけでもいいと思います。自分にとって意外だと思えるコーナーに相手がいることも多いので、どんな作者が好きなのか、どういうところが好きなのかを聞くだけでも待ち合わせの相手を知ることになりますし、自分が普段選ばないような本を知るきっかけにもなります。

小川が読書会を開催したひとつの動機は、私自身が人から本をすすめてもらう仕組みを作るためでした。本は好きでしたが、自分の本選びの基準を信用していなかったのです。

圧倒的な読書量の人が本選びの基準を語ることは理解できます。しかし、読書量の少ない人が自分の基準を作ることは危険です。基準自体が間違っている、または極端に狭い可能性が高いからです。その観点で言うと、一流の人に会う機会があったら「その人の人生を変えた本」を聞いてみることをおすすめします。

というのも、その質問をされて「人生を悪化させた本」を語る人は

進歩と進化の違い

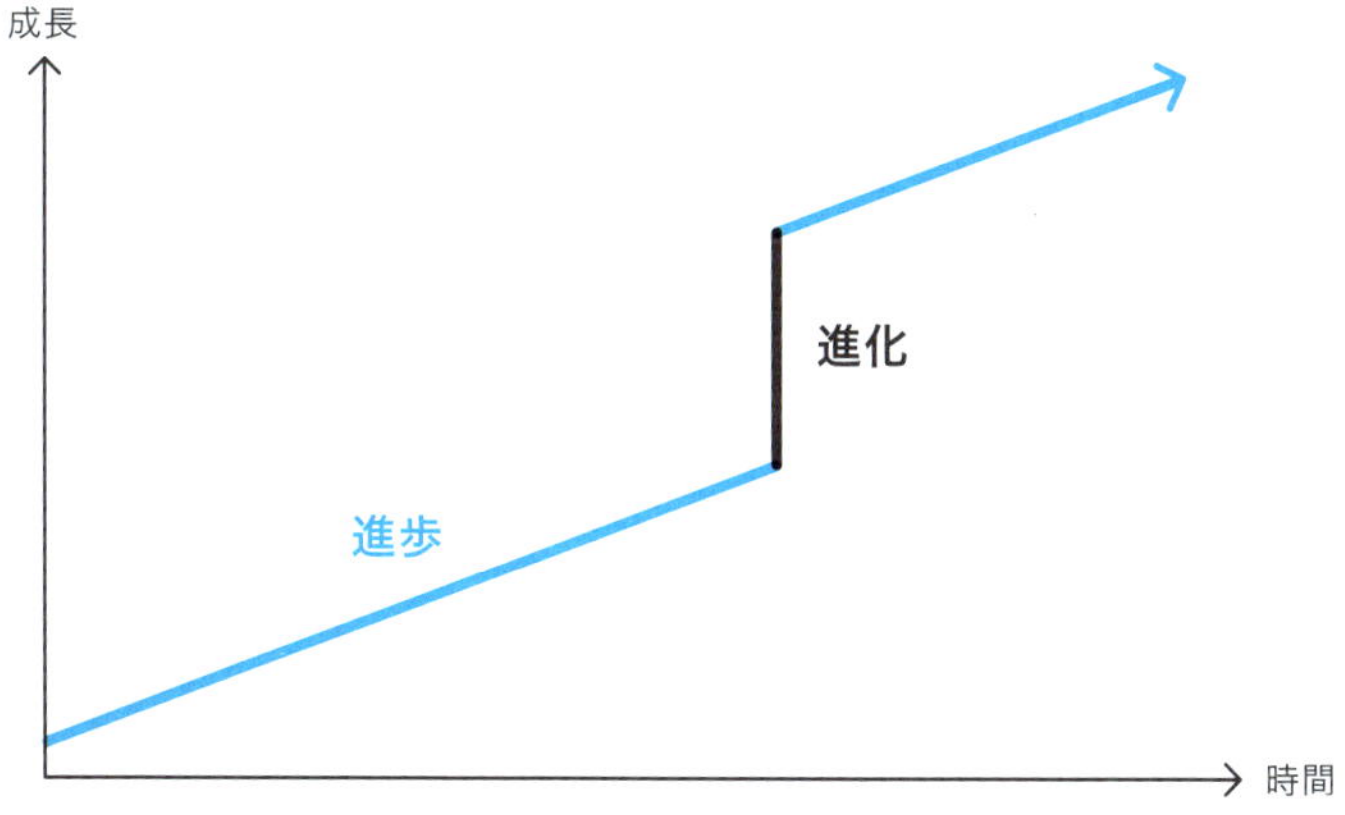

いません。必然的に「人生を上向きにさせた本」について語ってくれるので、その人がダメダメだったころのエピソードや武勇伝が聞けて参考になるはずです。

何より、今の自分の基準では絶対に選ばない本について教えられるはずです。それは自分が大きく進化するチャンスになります。

「進歩」と「進化」は違います。

進歩とは蓄積であり、進化とは蓄積の上に突然現れる飛躍です。進歩は成長曲線が予測できますが、進化はいつ起きるか分かりません。

自分が興味のある本だけを読み続けることは「進歩」です。そこに「進化」を期待するのであれば、一流の人から本をすすめられるような強烈な外部刺激に積極的に身をさらすことが重要です。

他人の基準を取り入れて「進歩」だけでなく「進化」する

小川の人生を変えた本 トップ5

『ソフィーの世界―哲学者からの不思議な手紙』
（ヨースタイン・ゴルデル 著）

中学生でも読める哲学史の本。三回目に読んでようやく自分が何も考えていなかったことを知らされた。

『冒険投資家 ジム・ロジャーズ世界大発見』（ジム・ロジャーズ 著）

読書好きになったきっかけとなった一冊。現地現物、仕組みやルールは世界どこに行っても変わらないことを学んだ。

『オデッセウスの鎖 ―適応プログラムとしての感情』（R・H・フランク 著）

利己的な自分に悩んでいた時期に読み、利己的であることと他人のためになることが両立できることを知る。思想形成に大きな影響を与えた本。

『白痴』（ドストエフスキー 著）

世界観次第で世の中の見え方が変わるということを教えてくれる。あなたにとってのムイシュキン公爵はどんな人ですか？

『60分間・企業ダントツ化プロジェクト 顧客感情をベースにした戦略構築法』（神田昌典 著）

読み進める度に「試したい」ことが出てきて、中々読み終わらなかった一冊。自営業者にとって、この本以上に役立てやすい一冊を私は知らない。

俣野の人生を変えた本 トップ5

『小説 上杉鷹山』（童門冬二 著）

平社員時代に役員から渡された課題書。すぐさま感想文を付けてお戻ししたら、明らかなえこひいきが始まった。ジョン・F・ケネディが尊敬する日本人としてあげた名君。貧困に喘ぐ藩を立て直した君主の生涯を描く。

『経営パワーの危機―会社再建の企業変革ドラマ』（三枝匡 著）

新規事業を任された主人公が数々の困難を乗り越えて成長していく企業ドラマ。著者の三枝さんの著作はすべてオススメ。手に汗握りながら組織と個人が成長するために必要なエッセンスを疑似体験できる良書。

『島耕作』シリーズ（弘兼憲史 著）

作者との対談を機に全巻読破して大ファンに。サラリーマンを賢く生き抜くための知恵が得られる。時代背景や多用な業種を舞台にしたストーリーも秀逸。

『影響力の武器』（ロバート・B・チャルディーニ 著）

人から与えられる影響にはどのようなものがあるかを解明した社会心理学の書。行動を起こす際に無意識の影響がいかに大きいかを知ることで、誘導のテクニックを知っておくことができる。

『黒川温泉のドン後藤哲也の「再生」の法則』（後藤哲也 著）

古い体質を変え、周囲の納得を得ながら地図にも載らなかった寂れた温泉街が日本有数の人気温泉街に。その立役者となった後藤氏が取った行動を通じて、弱者が強者になるための秘訣を学ぶ。

9 つまらない映画は15分で帰る

あなたはデートで映画館に行かれて内容がつまらなかったら、途中退席できますか? 自己管理ができる人は退席できます。

どんな映画でも最初の15分で惹きつけられない作品は、少なくとも自分の感性とマッチしていないと思った方が賢明です。もしデートの相手も同じように感じているなら、もはや残りの1時間半は苦痛でしかありません。

本も同じで、最初の50ページを読んでつまらないと思ったら、それはきっと自分が求める内容がそこにはないと思った方がいいでしょう。

そのときに、止める勇気を持てるのか。

映画であればすでにチケット代、映画館までの交通費、移動時間、そして冒頭の15分を投資しています。そこで「やばい、失敗した。投資が回収できない」と判断したときに、果たして損切りできるのかです。

多くの人は「もったいないから最後まで観よう。面白くなってくるかもしれないし」と腹をくくって最後まで座り続けるのではないでしょうか。そして喫茶店に行って、微妙な空気に包まれながら映画の「いいとこ探し」を必死にするはめになります。せっかくのデートも台無しです。

デートで映画館に行く目的は「楽しい時間を過ごすため」であって「その映画を最後まで観るため」ではありません。自己管理できる人は目的が明確だからこそ、刻々と奪われていく二人の楽しい時間を最低限の傷で抑えることを優先して考えることができます。

「DVDや本なら止められるけど、デートで観に行った映画は退席できないよ……」と言う人がいれば、それはプランBを用意していなかったからではないでしょうか。初めて観る映画なら、つまらない可能性は大いにあります。あらかじめその事態も計算しておいて、映画館の近くにケーキの美味しいお店でも調べておけばいいのです。これがデート相手に喜ばれる段取り力です。

リスク管理とは可能性のあることをあらかじめ織り込むことで、「想定内」の幅をできるだけ広げ、「想定外」をいかに遠ざけられるかにかかっています。

成果という観点から言えば、観た作品の「何割」が面白い映画だったかは指標ではなく、面白い映画を「何本」観たのかが重要です。

打率ではなくヒット数。かのイチローも、打率ではなくヒット数にこだわっているそうです。打率を考えだすと人は行動が怖くなります。空振り三振すると打率が下がるのでそのうち打席に立とうとしなくなります。

世の中のトップセールスマンは百発百中で契約を取ってくるわけではありません。その変わり買わない人の見極めに長けています。ダメ営業マンのように、明らかに相手が「買わないサイン」を送っているのに懲りずに日参することはありません。これも損切り思考のひとつです。

「もったいない」思考がもったいない

Column

「小物にこだわる」は一流の習慣なのか?

文房具や手帳などの小物にこだわる人は一流だという風潮がありますが、正直、これらはただの趣味の世界です(もちろん、人からもらったものや思い出のあるものを大切にすることは素晴らしいことです)。

たとえば最新の機能をもった文房具というのは重箱の隅をつついているような、まるで99点のものを100点にしようとしている印象を受けます。

それが悪いというわけではないですが、あくまでもビジネスの視点で考えると、そこにこだわるより0点を80点にする方に集中するべきではと思えてきます。

これは笑い話ですが、打ち合わせのときにある人が外国製のオシャレなノートをしきりに自慢しながら、「すごい良いノートなので大切に使っています」と。

いやいや、ノートは書き倒してナンボでしょうと。

小物に目がない人はいつの時代にもいるので、たまにどんなものがいいのか聞いて、参考にする程度で十分だと思います。

一流の人が本当にこだわるのは、価値のあるモノです。

たとえば腕時計。

これは文房具などと違って動産なので、十分こだわる意義があります。とくに最初に買うときはスプレッド（買値と売値）を意識して、その差が小さいものを円高の時に買うことをおすすめします。

小川が最初に買った腕時計も、円高のときにあえて限定モデルではなく一般モデルを選びました（需要があるので値下がりしにくいため）。結果、いまでも売値を見ると買ったときより高くなっています。

小物ではないですが、車も同じく動産だと捉えて年式が古くても値下がりしづらいい車を買う方が、結果的に価値を生みます。

靴などもそうですね。いい靴は本当に長持ちするので（価値が下がらないのと同じ）、2万円の靴を1年で履き潰すくらいなら10万円の靴を20年履いた方が、はるかに価値があるのです。

第6章

視座を高める「毎年の習慣」

First-class yearly habits

1 年始の抱負は「去年と同じ」がベスト

あなたは年始の抱負をいつ考えますか？

自己管理の観点から言うと年始の抱負は「その1年で絶対に達成する目標」というかなり重い位置づけです。**質問をされてから考えるようでは、思い付きに1年を託すことになるので感心しません。**

会社の年間計画には中長期計画という前提があります。その前提に前年度の結果を加味してできたものが年間計画です。個人でもまったく同じで、別に1年前から「来年は何をしようかな」と考えてもまったく問題はありません。むしろ1年前から考えていれば、行動の仕方も変わってきます。

1年経てば状況は変化するでしょうが、現況を整理するタイミングが正月であって、その結果が年始の抱負となるのが自然だと思います。

理想的な年始の抱負とは、「昨年は上手くいった。今年も同じことをやろう」と言えることです。

先端と本質の話で言えば、目標を立てるなら本質にフォーカスすることが大切。本質とはいわば生き様のことです。だから、本質の部分をできるだけ変えずに粛々と繰り返すことに意義があります。卓越は継続からしか生まれません。

先端とは「技術の習得」「資格の取得」「語学の学習」といった、ツールの話。ツールは消耗品なのでいずれ擦り減る運命にあります。人は成長とともに先端（ツール）が増えていき、40代、50代になったらまるで闇鍋です。

そこまで行ったらむしろ新しいものを手にいれるより、本質に立ち戻って何を捨てて何に集中するのか決めることが、本当の自己管理と言えます。

卓越は継続からしか生まれない

2 20年先までカレンダーに予定を入れておく

紙のカレンダーと違ってグーグルカレンダーは何年先の予定でも入ります。

小川は管理オタクなので、妻の誕生日はもちろん、プレゼントを選ぶ時期と買う時期も予定に組んでいます。予定を書いて、「繰り返し→毎年」と選択するだけで、自動的に毎年のカレンダーに記載されます。

実はこれ、独身時代からやっていた戦略で、毎年クリスマスプレゼントを選ぶ時期と買う時期をスケジューラーに登録していました。彼女がいなくても気にしません。むしろ「そろそろヤバい」と必死に相手を探す気になれます。

さらに、子どもが成人するまでは毎年、子どもの誕生日に家族で海外旅行に行くと決めているので、その日程は20年先まで確保済みです。

別にここまで管理する必要はないと言われれば、その通りです。

ここで重要なのは、**自分が将来やりたいことをカレンダーに書いたところで何か問題が起きるのかということ。**予定を入れるのに早すぎることはないのです。30年先の予定を守れなかったとしても文句を言う人はいないだろうと。ソフトバンクの孫社長にいたっては「300年計画」ですからね。

「1、2ヶ月先まで、忙しくて調整つかない」という友人がいれば、私はこう言います。

「そっか。じゃあ、来年の予定を抑えておいていい？」

「えっ？　来年？」

「生きてるよね？」

スケジューリングに「早すぎる」はない

スケジューリングの基本は大切なことから先に入れること。先に入れるからそれを実現するために行動が伴ってきます。効果絶大なので、お試しあれ。

3 将棋の駒であり棋士でもある感覚を持つ

会社員は会社のリソースをどう使い倒すのかを徹底してください。仕事を自分の中で完結させる狭い発想のままだと、大きな成果は生めません。

リソース発想を身に付けるステップとしては、

①ゲームのルールを知る（将棋なのかチェスなのか）
②自分の役割を把握する（飛車なのか歩なのか）
③盤面を見渡せる位置まで視座を高める（情勢は？ 配置は？）
④自分が棋士になったつもりになる（次の一手は？ 相手はどう出る？）

これが一流のサラリーマンへの階段です。

新入社員はまずは組織や業界の流儀を覚えるところからスタートし（ステップ①）、小さな役割を与えられるところからはじめますよね（ステップ②）。そこから経験を重ねていくと、少しずつ会社やビジネスの全体像が見えてきます（ステップ③）。さらに判断能力も上がっていけば、局面に応じて次の一手はどうしたらいいのかイメージできるようになっていきます（ステップ④）。

ルールは時間が経てば覚えるでしょうが、リソース発想を持てるかどうかの分岐点になりやすいのがステップ②。自分の役割、つまり自分が駒だと思えるかどうかです。

会社と言っても部下としての役割、先輩としての役割、営業マンとしての役割など、責任が増える度にさまざまな役割が出てきます。**新入社員のときの役割分担は迷いようがないですが、少し経験を積んでくるとたまに自分の役割を忘れる人が出てきます。**

自分が駒ではなく「自分は自分」だと思ってしまうと、人は自分をかわいがろうとします。

あるプロジェクトで飛車の役割を期待されている中堅社員が、いつまで立っても歩の動きしかしなかったら何が起きるでしょう。リーダーからは「こいつ使えないな」とレッテルを貼られることは間違いありません。さらに、当の本人は「なんで俺ばっかり面倒な仕事降ってくるんだよ」とストレスを溜めることになります。これでは本人も会社も不幸です。

リソース発想が持てるようになると仕事への取り組み方が劇的に変わります。とくに、自分が駒であると同時に棋士になった気分で局面を判断できるようになると（ステップ④）、仕事が一段と面白くなります。

例えばプロジェクトを成功させるためには自分が動くより上司を動かした方がいい場合もあります。しかし、**リソース発想がないと上司を動かすというアイデアすら思い付きません。**「あいつ馬鹿だよね」と陰口をたたくか、「自分が動いた方が早い」と言ってお手付きをしてしまい、結果、プロジェクト全体に損失を与えてしまう。しかも本人はその事実に気付きません。

一流の人ほど「動かす」ではなく「動いてもらう」ことができます。直談判しても動かない上司を動かすために、上司が動かざるを得ない状況を作ることができるのです。そのときは「相手にどう動いてもらうために、自分がどう動くか」と2段階で考えないといけないので、一段高い視座からの状況把握と冷静な判断力が必要とされます。

これがいわゆる根回しです。リソース発想と同様、ビジネスで成功するために身に付けておきたいスキルです。

平社員がいきなり社長の視座を持つことはできません。しかし、できるだけ視野を広げる努力は続けていきたいです。

目安としては2階級上。それが無理なら1階級上でも構いません。

現状に甘えることなく、常に高みを目指しながら業務にあたることで、人は自然と成長することができます。

上司も自分も会社のリソースとして見る

4 毎年必ず「資産の棚卸」をする

ビジネスにおける成功の指数とは、働く会社の知名度でも自分の肩書きでもフェイスブックの友達の数でもなく、自分の資産です。

だからこそ、自分の資産が増えているのか目を背けることなく、シビアに考える必要があります。**最近では株価のトレンドをみるときの移動平均線をエクセルに描くことができるフリーソフトもあるので、そういったツールを使って管理をすることをおすすめします。**

週単位、月単位で管理できればいいですが、手間だと思うなら最低でも年に1回は、自分の資産を棚卸しましょう（これを読んですぐグーグルカレンダーに「毎年繰り返し」で登録できるかが、「変わる人と変わらない人」の違いです）。

株価と同じで短期的な落ち込みは気にする必要はありませんが、もし移動平均線が下降トレンドを示していたら、相当焦った方がいいです。

また、上昇トレンドにあると言っても、長期で見たときの線がカーブしていることが理想。直線ならただの資産の積み重ねであって、時間労働によってお金が増えているだけの話です（下図）。この本で何度もふれている通り、労働にしろ、お金にしろ、人付き合いにしろ、投資をするときは複利でのリターンを狙うべきなので、最初の上昇は緩やかでも、後半にかけて一気にカーブを描いていないといけません。

自信をもって断言しますが、自分の資産をこのようにチャート化する

理想的な資産の増え方

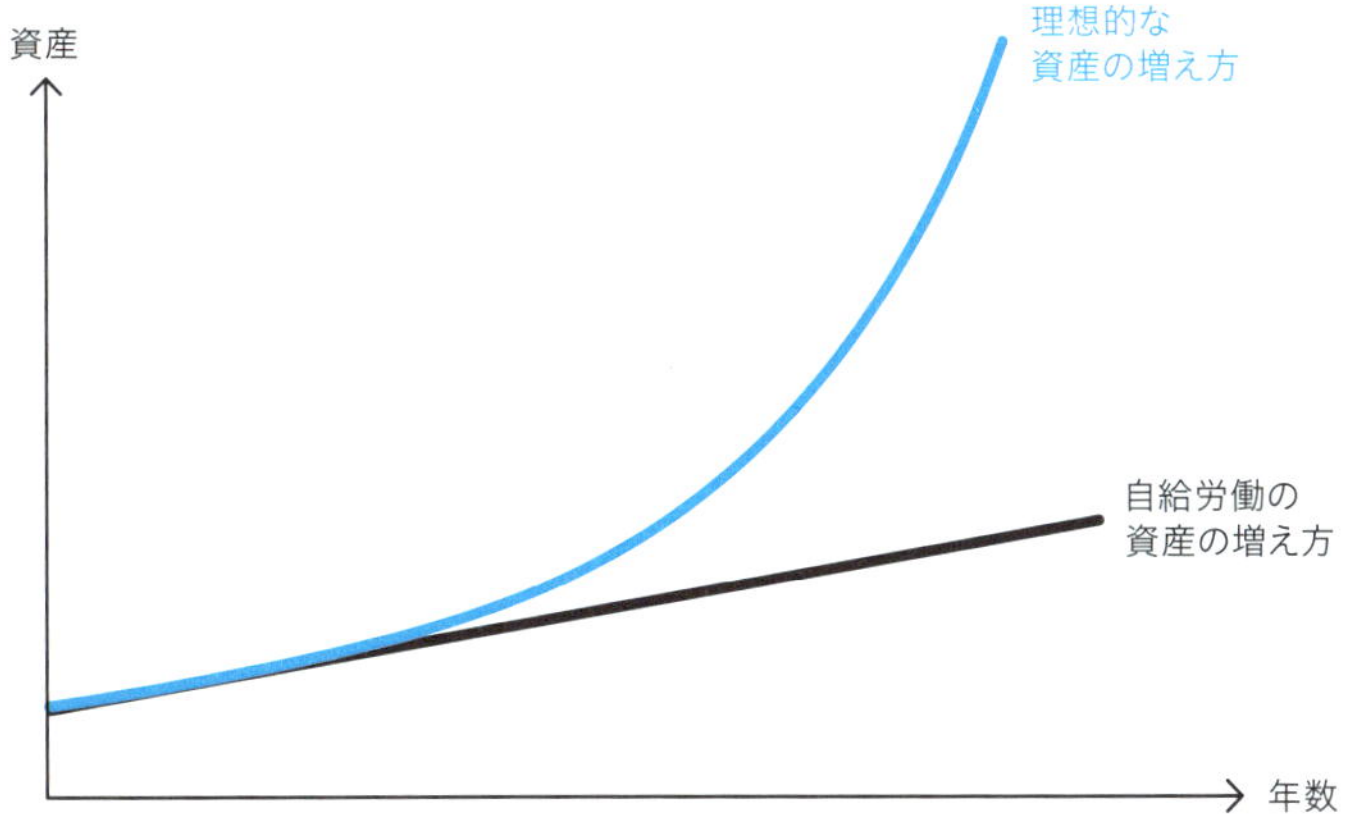

クセをつけると、3、4年もすれば数字が飛躍的に変わります。

では会社員の場合は具体的に何を資産として考えればいいのでしょう。貯金額は投資をすれば減額しますし、車や家は価値が下がっていくのでイマイチ分かりづらいかもしれません。

一番わかりやすいのは自分の市場価値です。

会社員とは市場から買われている身。つまり、自分自身が財産。

それなら年に1回、転職エージェントに登録してみて自分の市場で価値を確認してみてはいかがでしょうか。会社にバレることもありませんし、もし本当にいいオファーがあったら転職してしまえばいいだけです。

そのとき、注意点がひとつだけあります。

固定資産が耐用年数によって減価償却されていくように、あなた自身も年を重ねるごとに耐用年数（残された勤続年数）が減っていきます。**もし1年経過して市場価値が同じだったら、事実上、自分の価値が下がったということです。**

転職エージェントに登録しなくても、会社員が自分の価値を確認できるもうひとつの指標があります。それは周囲からどれだけスカウトされるかです。

経営者や管理職になったら分かりますが、取引先や隣の部署の社員であっても優秀な若い人材がいたら本気で引き抜きを考えるものです。雇用が流動化している昨今、1年間働いてどこからも声がかからない社員はかなり危険な状態にいると思った方がいいです。

職種によっては外部との接触が少ない仕事もあるかもしれませんが、そんな人でも社外で草ベンチャーの立ち上げやNPO活動、あるいはクラウドソーシングでの仕事に関わるといいでしょう。普段、他流試合をしていない人にとっては大きな経験になると思いますし、自分が社外でどれくらい通用するのか試してみるいい機会にもなります。

ただし、本業を圧迫しないように。それこそ自己管理ができていません。

会社員は市場価値が資産

5 自分の評価をコントロールする

一流のビジネスマンは、自分の行動や発する言葉によって他人が自分をどう評価するのか予想できます。予想できるからこそ、一時の感情に任せて言葉を発することはせず、自分の評価をコントロールしていけます。

自分自身のブランド価値を上げるために欠かせない技術です。

サイバーエージェントの藤田晋社長が日経新聞のコラム上で他社に引き抜かれた社員を「罵倒」して賛否両論を巻き起こしたことがありました。これらの騒動もすべて藤田社長の狙い通り。**メディアを使って「自分のキャラ」を宣伝することができ、さらに社員の引き抜きを抑止する大きな効果を得ました。**

メディアの活用は普通の人では難しいでしょうから、個人レベルで評価をコントロールするとはどういうことか、少し説明しましょう。

Aさん、Bさん、Cさんの3人がいたとしましょう。AさんとCさんだけは面識がありません。ある日、Cさんは Bさんに向かって、Aさんがどんな人なのかたずねます。BさんはCさんに向かって、「Aさんは○○な人だよ」と説明しました。

評価をコントロールするとは、この「○○」の部分を、Aさんの狙い通りにコントロールすることです。

普通の人は、ある人と接しているときは「主観」で接します。目の前にいる相手のことしか見えていません。するとその相手との関係性だけで接するので、どうしても感情的になります。

自分の評価をコントロールする

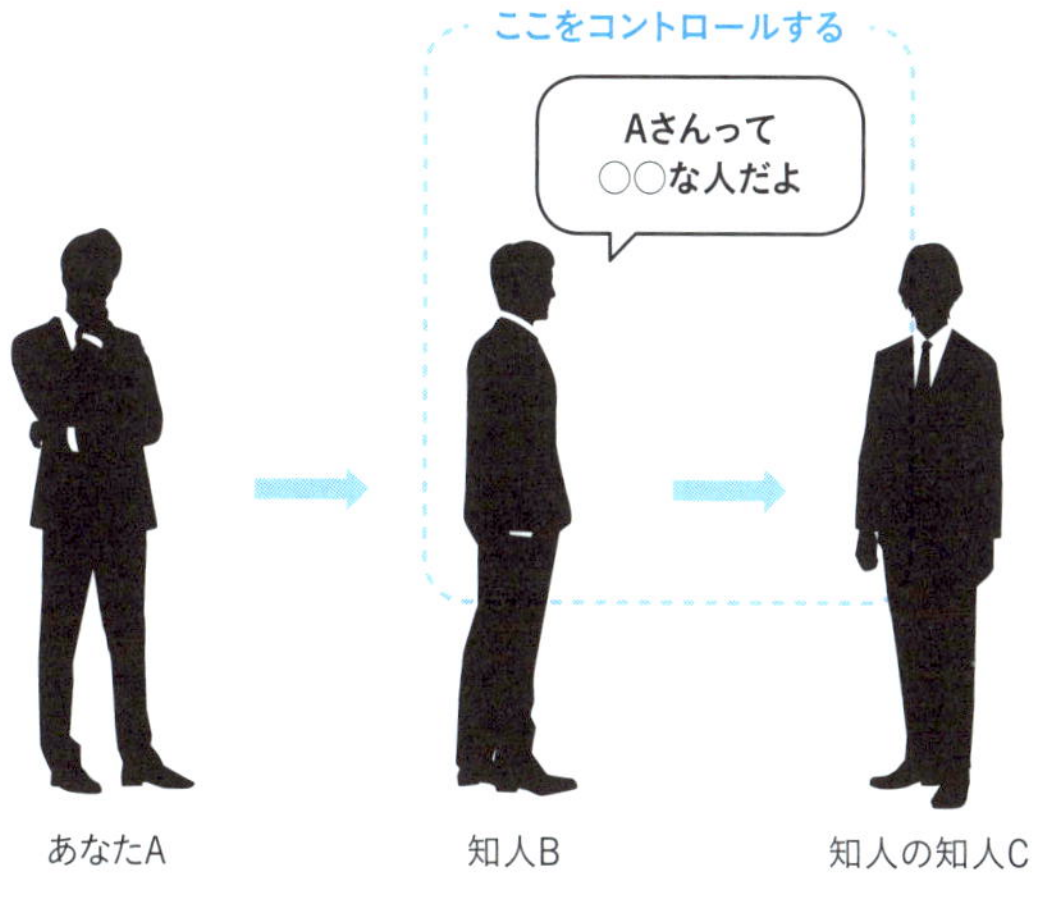

相手のことがどうしても好きで「この人に尽くしたい！」という主観だけで接すると、その相手は第三者に対して「あの人はいつも手伝ってくれる優しい人だよ」と伝えることになります。もしその評価が先行したら、あなたは誰に対しても同じように接する必要性が出てくるので後々苦労することになります。

または逆に、相手のことに関心を持たず、目先の得にしか興味がなさそうな接し方をしていたら、その相手は第三者に対して「あの人はいつも自分のことばかり考えている身勝手な人だよ」と伝えることになります。

自分の評価は拡散されていくということを忘れてはいけません。

人と接するときは目の前の状況だけを見ないで、物事を俯瞰しながら言葉や行動を選ぶ必要があります。俯瞰という言葉がピンと来ないのであれば、相手との関係を「長期的に見る」クセを付けてください。

社内でいつも比較される優秀な同僚がいたとすれば、短期的にはライバル、長期的には仲間です。**目先のことだけを考えて同僚を蹴落とし出世をしたところで、あなたの悪評が広まっていったら、あとでしっぺ返しをくらいます。**

相手との関係を長期的に考えることで自分の評価を上げる

短期的成功は長く続かないことは人類の歴史が証明している通りです。

また、人の評価を大きく下げやすいといったらお金絡みでしょう。普段は良い人なのにお金が絡んでくると豹変する人は良く見かけます。お金に目がくらむのはまさしく目の前のものしか見ていない状態です。

例えば「この人と付き合うのはこれで最後かな」と思ってしまったら、相手からお金やら名誉やらを奪う発想が湧いている危険があります。そこで失う評価がどう拡散するか分かりませんので、そういうときは「この人ともう1回つながる上手い方法はないか」と考えることで、自分の欲を抑えることができます。

6 師匠を持って自分の常識を変えていく

俣野は30代中盤のころ、兆円企業から個人指名を受ける敏腕コンサルタントの元に弟子入りしています。私も社内ベンチャーが軌道に乗ってイケイケだったころです。知人に誘われて初めてその方とお会いしたのですが、その方に面と向かってこう言われました。

「全然ダメだね。市役所の戸籍係か、君は」

まるでマンガの1シーンのように伸びていた鼻が折れる音が部屋をこだましました。悔しいという感覚ではなく、たらいで冷水を被った感覚です。

ただ、これこそ自分が変容するチャンスだと確信した私は、その方に直談判して月に1回、1時間10万円でその方の事務所に通わせてもらうことにしました。

教わった内容は、ビジネスのコアとなる話はわずか5回程度。残りはビジネス以外の分野で、結局2年間も通い続けることになります。そのときはすでに会社の経費を使える立場にありましたが、自分を奮い立たせるために自腹でやりました。

自分の足りないことを指摘してもらい、さらに成功者の経験や知識を分け与えてもらうことで、弟子はムダな遠回りをせずに目標に辿り着けます。これが師匠を持つメリットです。**積み上げてきたことを捨てる場面も多々あるかもしれませんが、我流で身に付けた変な型であれば捨てるに限ります。**

師匠はできる限りたくさん見つけてください。身近なところに「すごい人」がいたら、とりあえず「師匠、師匠」と呼んでしまえばいいのです。師匠と呼ばれて悪い気になる人はいません。

ひとつの分野で何人も師匠がいるのはおかしいですが、他の分野なら師匠はいくらいても構いません。私自身、今、思い浮かぶだけで20人は「師匠」や「先生」と呼んでいる人がいます。

逆に言えば、会社員は上司をライバル視してしまうと教わることができなくなります。「さすが部長」と適度におだてておいて、吸収するだけ吸収するくらいがいいのでは。

師匠は有名人や歴史上の偉人でも構いません。

小川は経営者の師匠として孫正義社長を尊敬しているので、本や雑誌のインタビュー記事はすべて読んでいます。自分の中でなぜこの人を尊敬しているのかクリアになっていればいるほど、たとえメディアを媒介した情報であっても自分にどんどん突き刺さってきます。

ライフネット生命の出口会長は、「自分のメンターはフビライ・ハンだ」と言ってはばかりません。メンターがやったこと、そしてそのとき考えたことを想像し、そこから吸収することが目的なので、実際に「会える」かどうかは手段の話に過ぎないのです。

学びをピラミッドの階層で考えたとき、頂点から順に「実体験（自分でやってみる）」、「人から学ぶ」、「本から学ぶ」になっています（左図）。頂点ほど経験値のインパクトが強く、底辺ほど間口が広くなります。

学びとは結局はこれらの組み合わせです。

ただ、いきなり実体験を増やそうにも（経営のド素人が起業するなど）、大量のリソースがかかるのであまり現実的ではありません。時間には限りがあります。何もやらないのは論外ですが、かといって手当たり次第にやっていても成果が出るわけがありません。

ですから、まずは仮説を立てながら行動をして、そこでわからなかったことを本や人から体系的に学ぶのがいいでしょう。

成長のブレイクスルーが期待できる

学びのピラミッド

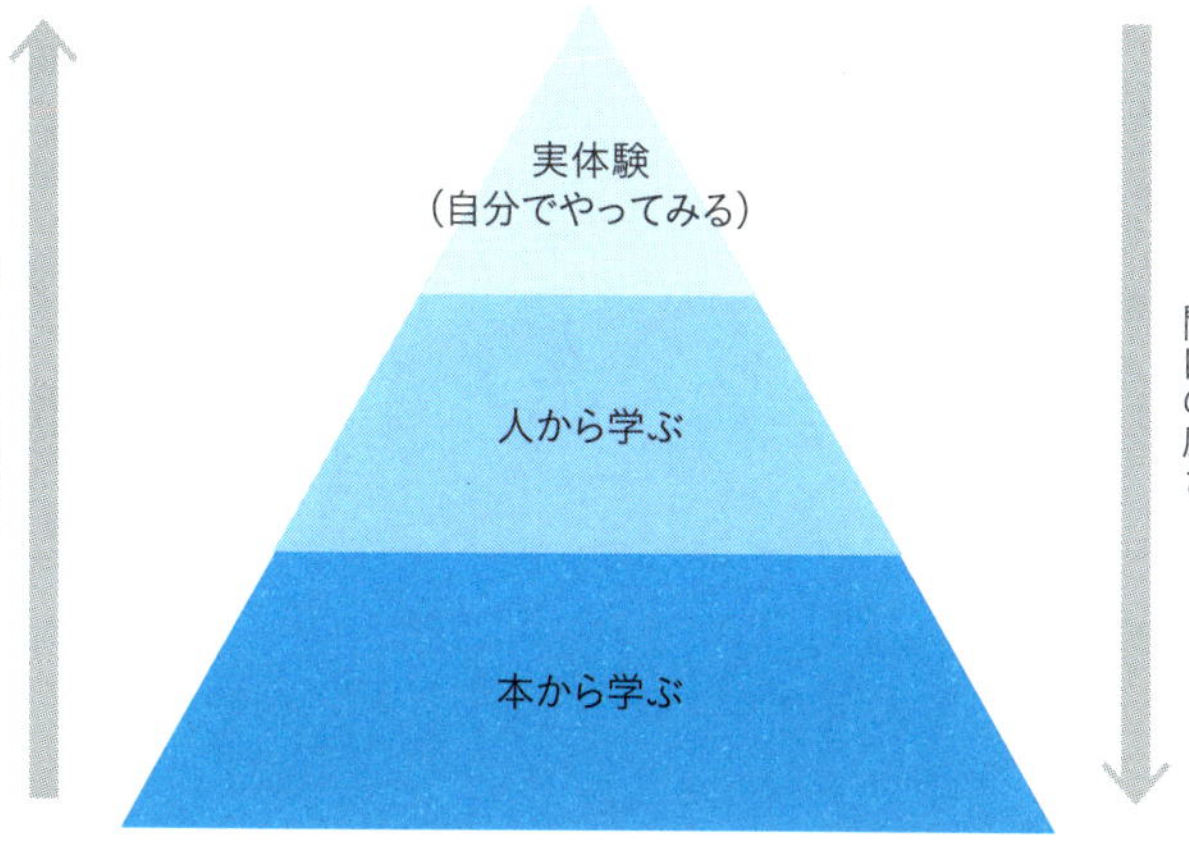

のは実体験のみ。仕事でも趣味でも、実践の中で突然、「開眼」した経験はありませんか？　それが突然変異であり、ワープの瞬間です。そしてそれは学びが蓄積していないと起きません。

師匠を見つけて自分を壊して、成長をして、実体験で学びの総決算をする。このサイクルが完結したとき、自分の当たり前は確実に変化しています。

学びの締めくくりは「自分でやること」

Column

「名刺を使い分ける」は一流の習慣なのか?

名刺の使い分けは重要です。

たとえば小川は、社長の名刺、コンサルタントの名刺、社名や肩書の一切ない名刺を、場面によって使い分けています。とくに大企業を相手に仕事をするときは、あえて社長の肩書を書いていないコンサルタントの名刺を使うことで、会社を大きくみせることができます。

ではサラリーマンはどうかと言うと、個人名刺を持つべきだと思います。

もちろん、会社の名刺を否定するものではありません。仕事を離れた場面で配ったその名刺が仕事に繋がる可能性もあるわけですから。しかし、会社の名刺だけだと、(有名企業の場合)会社のブランドが強すぎて個が埋没します。それを知らずに自分自身が認めてもらったと勘違いするのは愚の骨頂です。

独立したとたん周囲から冷たくされるようになったと不満を漏らす人がいますが、それは自分が無意識のうちに会社の看板を背負って周囲と接してきたからに他なりません。

自分の実力を試したい、個人の人脈を築きたいというときこそ、個人名刺が活きますし、同時に個人名刺はセルフブランディングの第一歩でもあります。会社の看板を外した自分の強みは何か？　どう評価されたいのか？　肩書を付けるとしたら何か？　そこで悩むことが大きな気付きとなります。

人は名刺をもらったとき「この人は役に立ってくれそうか」しか見ません。だからこそ肩書が重要なわけですが、肩書を考えるコツは「だれにどう自分を売り込みたいのか」を最初に決めること。そして、狙った人に自分の存在を伝えるために、「自分が提供できること」をひとことで書く。

もし肩書に「企画力」という言葉を入れたいなら、そこから企画の勉強を始めるのもＯＫ。成長を続ける人ほど名刺がどんどんアップグレードします。何年も名刺が変わらない人は少し危機感を持った方がいいでしょう。

もっと言えば、肩書を書かなくても相手が自分の個人名をインターネットで検索してくれるような存在になること。これが究極です。

第7章

志を貫く「一生の習慣」

First-class habits of a lifetime

1

勝負のときはリスク先行

小川は学生時代、カジノプロをしていました。もちろん日本ではなく、金曜に韓国に飛んで二晩カジノで「仕事」をして、日曜に帰ってくるような生活です。お金を稼ぐための「出張」ですから、すべて確率論で考え、勝率が50%を越しているときしか大きい勝負はしません（張らないと出入り禁止になるので勝てないときでも最小限張ります）。仮に外れても確率的には勝てる可能性が高かったわけですから、負けることも想定内。そもそも、中、長期的に見てプラスの収支になればいいので、たった一回の勝負に一喜一憂したり、全財産を賭けたりするような真似はしません。

ビジネスでも同様で、さんざん考えた結果これなら勝てると思った戦で負けたとしても気にする必要はないのです。負けたときも勝ったときも要因分析はしますが、**何度考えても「確率的には勝っていたよな」と思えるなら問題はなし。今**

後もやり続ければいい。結果というのは、確率で言えば変数ですのでコントロールできません。ただし、プロセスや意思決定の基準は再現性を保てます。

守りに入る性格の人は、守ることの対極にあることは守らないことだと思っていることがあります。私でも選択肢が「守るか守らないか」しかないなら、「守る」を選ぶのは当たり前です。

しかし、「守る」の対極にくるべきは「攻める」です。さらに、そこに「成果が出る／出ない」の基準をあてがってみると、「攻める、かつ成果が出る」領域が浮かびあがってきます（次頁図）。ここが「リスクを取る価値のある」ものです。

普通の人が踏み込まない領域だからこそなおさら価値があります。勝負でリードしたいのであればリスク先行が基本です。

私が所有するテレアポの会社が電話営業が激しすぎるといって問題になったことがあります。当然激しく叱責しましたが、そのとき私は社員全員にボーナスを出すことにしました。「ここまで毎回リスクを取りながら攻め続けてきてくれてありがとう」という意味合いです。

私は相当にリスク選好度が高いと思うので、あまり参考にならないかもしれません。

ただ、重要なのは、本人がどのレベルまでリスクを許容できるのか把握しているのかという点です。失う可能性のあるものを理解せずに攻めるのはただの無鉄砲。また、周知のリスクに目を瞑って、欲に走ってしまうのは未熟さゆえです。

欲深くなる性格の人が「今、自分は冷静さを欠いているかも」と思ったら、あえて自分を第三者的な目線から

リスク・テイキングの考え方

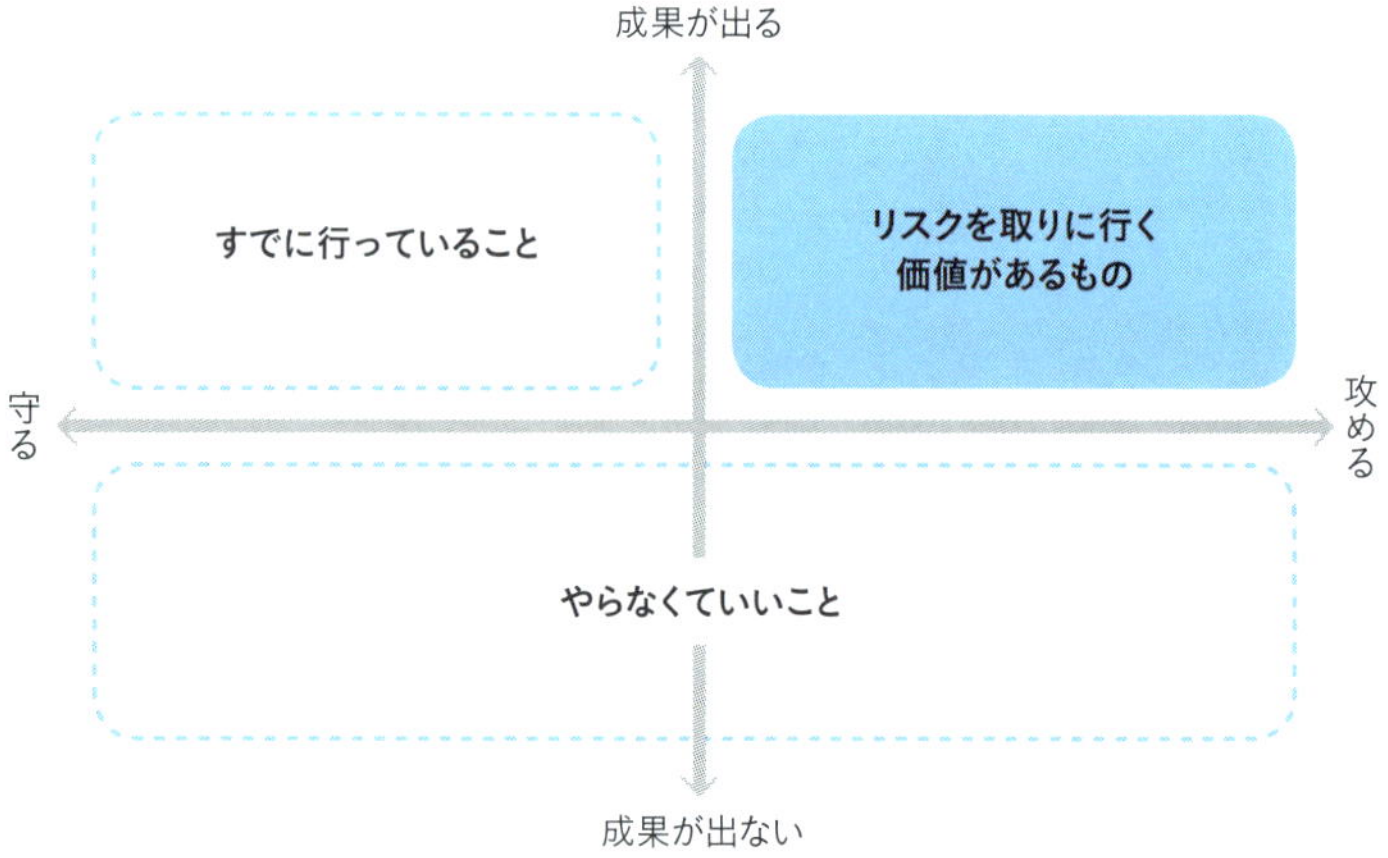

見て、その第三者が果たして自分と同じ結論を下すのかと考えてみましょう。大橋巨泉さんが書かれた『巨泉―人生の選択』という本の中に**「今回の人生ではやめておこう」**という秀逸な言葉があります。この「自分はずし」ができるかどうかで、行動や選択がだいぶ変わってきます。

逆に、いつも守りに入る人はどの一線まで引いたら安全圏なのか分かっていないとムダに怯えたり、自己防衛にコストを浪費したりするリスクがあります。

一流の人に共通しているのは、失敗

失敗と経験のマトリクス

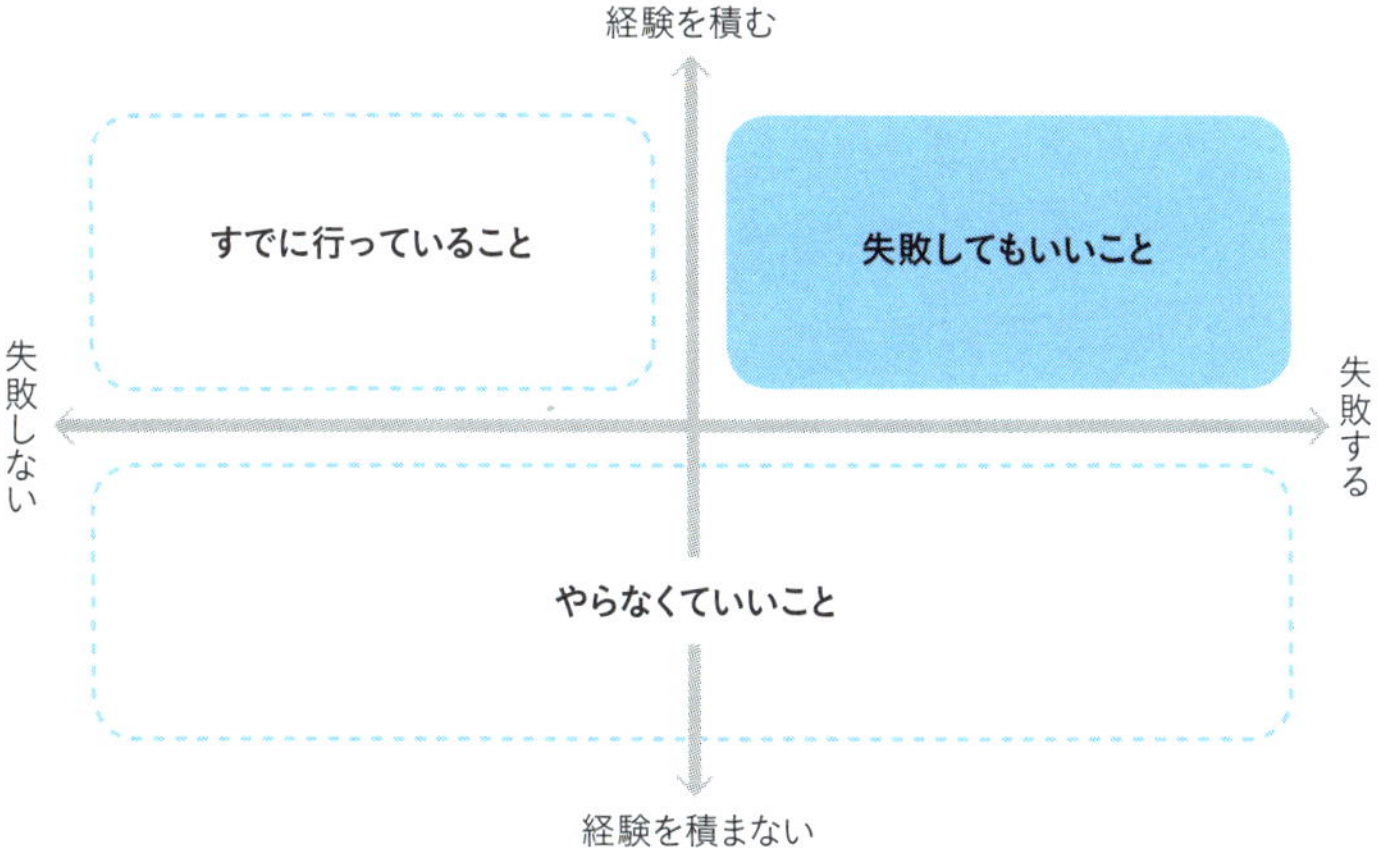

を恐れないことです。

会社員の身なら、仕事で失敗しても上司やクライアントに怒られるだけです。短期的にはイヤな気分になるでしょうが、果たして自己保身に走る価値があるほどの損失を被るのかという話です。

人の失敗をマトリクスで表せば「失敗する／しない」の他に「経験が蓄積する／しない」の基軸で考えることができます（前頁図）。

長い人生において重要なことは経験を積むことであって、失敗しなかったことに価値はありません。どんどん失敗して、どんどん経験を積んでいきましょう。

リスクを知らないことが最大のリスク

2 体験価値にお金を惜しまない

現状を脱して成長していきたいと思っている人がいたら、体験から買ってみてはどうでしょうか?

一般的なサラリーマンは、億単位の年収を稼ぐことなど想像もしません。それはテレビや本で見る世界であって自分には関係ないと考えています。しかし、世の中には年収1億を目指して必死に頑張っている人もいます。

その両者を分けるのは何か。

それは体験の積み重ねでしかないと思います。外部刺激による気付きや自分自身の小さな成功経験で階段を一段上り、さらに経験を踏んでもう一段、と繰り返しているうちに、1億円が見えてきた。そんな感じではないでしょうか。

最近「モノ消費」「コト消費」という言葉をよく耳にするようになりましたが、コト消費の本質は「こんな生き方がしたい」ということ。

これを個人の体験に落とし込めば「他人から見て買う価値のある経験をしているか」につきます。「やってみた」「試してみた」といった内容のブログやユーチューブの動画が増えているのも、物質が溢れる今の日本では「やったことがない体験」にみんな価値を見出すようになっているからです。

今、体験は売れる時代です（ユーチューバーになるという狭い意味ではなく）。「価値を生み出す体験」をいかにしていけるかが今後20年の年収を決めると言っても過言ではありません。

体験が増えていくと、ある日、自分のなかの基準が変わる瞬間があります。

普段はチェーン店でしか外食しない会社員が、海外からのＶＩＰを接待するために連日連夜、高級レストランで食事をしたとします。果たしてその会社員は、その後、近所の回転寿司に行っても、昔ほどの満足感を得られるでしょうか。きっと頭の片隅では、銀座や西麻布で食べた美味しいお寿司のことが忘れられないでしょう。

高級な寿司屋があることはみんな情報としては知っていても、実際に体験しないことには人の「当たり前」を揺さぶることはできません。

「あの寿司を毎日食べている人がいるんだよな。俺もそうなりたいな。とりあえず週に1回食べにいくとしたら、100万はかかるな。どうやったら100万増えるかな」

漠然とでもこのように考えることができたら、それが階段を上るきっかけになります。人の欲を成長の原動力に使うことは恥ずかしいことではありません。

体験をしないということは「変化の可能性」を潰していることです。

成長できないサラリーマンは往々にして仕事も生活もルーチン化してしまって、体験が少ない人が多いように見受けられます。「今度娘が受験だからお小遣い減らされちゃったよ」というお父さんのように、**歳を重ねるにつれて制約も増え、さらに行動が限定されるようになります。**

自分に無限の可能性があると思えるなら、自分がやったことがないことに関しての支出を惜しまないことが大切です。居心地だけを求めて同じお店に通うくらいなら穴場のお店を開拓した方が体験価値を買うことができます。

その点では、言葉も食事も景色も考え方も異なる海外旅行ほど新たな刺激を受けられるものもないでしょう。せっかく海外に行くときはコト消費を重視して、その土地ですごいと言われているものを片っ端から体験した方が得るものが大きいはずです。

楽天の三木谷会長は、なぜ楽天を作ることができたのか？

それは学生時代にアメリカを肌で体験したからです。

なぜ坂本龍馬は脱藩したのか？

それは剣術の修行で訪れた江戸で、黒船をみる体験をしたからです。

体験が少ない人ほど「Aじゃないといけない！」とすぐに断言をします。ようは思い込みに囚われて現状を疑っていない証拠です。自分を変えたいなら新たな刺激を求めて積極的に体験価値を買っていきましょう。

価値を生み出す体験をしよう

3 親孝行と自分孝行をする

親孝行はしましょう。どんどんしましょう。

若い世代を中心にあまりにやっていない人が多過ぎます。

自分の誕生日を友人から祝福されるのは構いませんが、**親からおめでとうメールを貰っている場合ではないはずです。**自分の誕生日だからこそ、むしろ自分を産んでくれた親に感謝の気持ちを伝える絶好のチャンス。旅行、食事、花、ギフト、手紙など、方法はなんでも構いません。一本、電話をかけるだけで両親は嬉しいものです。

両親から自分が生まれ、そして今の自分がある。そしてあと何年かしたら、その両親と一生会えなくなる。当たり前のこと過ぎて人はそのありがたみを理解していません。感謝の気持ちは当たり前のことに気付くことで生まれます。

日頃の親孝行のコツは、親と会話をするときは良い報告しかしないこと。たまにいい歳をして親に愚痴をこぼしたり悩みを相談したりする人がいますが、たまにくる子どもからの便りが不満ばかりだったら親御さんも安心して老後を送れません。**「私たちがいなくても立派に生きて行ってくれる」と心の底から思ってもらうことが、究極の親孝行です。**一緒にいる時間を増やすことや、何か物理的に物を贈ることが、親孝行の本質ではありません。

だからこそ、自分磨きを徹底する。

私は学生時代かなり荒れていたので、両親には相当な迷惑をかけています。事業がようやく軌道に乗り始めたとき、いろいろな形で親に恩返しをしようとしましたが、当初はなかなか受け取ってもらえませんでした。

受け取らないなら強制的に振り込んでしまえと、自分の会社が手掛けた決済システムを使って毎月自分の口座から一定額を振り込む仕組みに変えました。さすがに頑固な両親も折れたそうです。

このとき、「今月は多く稼いだから多めに振り込もう」という方式を取ると、逆に「今月はピンチだから額を減らそう」という月も出てきてしまいます。それでは心配の種になりかねないので、あくまでもシステマチックにしています。

親孝行についで大事なのが、自分孝行です。

いま、あなたのまわりには家族や友人がたくさんいると思いますが、一生の付き合いになるのはあなた自身です。他人なら排斥できても、自分を排斥することができません。当たり前のことですが、「人生は一回。どんなにイヤでも、どんなに悪い条件でも、死ぬまで精一杯生きるしかない」という決意が、どれだけ骨身に染みているかで人生の質を分けてしまいます。

コンプレックスのように現象的に自分のことが嫌いになることはあっても、今置かれている状況に悲しむことはあっても、昨日より今日の自分を好きになる努力を欠かしてはいけません。

当たり前のことに感謝する

4 ノーベル賞より社内で一番を目指せ

誰しも自分とは一生の付き合いになります。

その一生をよりよくすることが自己管理の目的です。

まだ若いから無理が利くと思っている人。長期的な戦略をもとにコントロールしながら無理をしているのであれば構いませんが、そうではない場合は「果たして一生続けられるのか？」と自問自答してみる必要があります。

そこで「やりたくない」と思ったなら、今すぐやめた方がいいです。

激しい運動でダイエットをするのと同じで、激しい運動は一生できるものではありません。体が動かなくなったらダイエットを止めるのかという話です。

しょせん人間は、当たり前のことしかできません。

誰も知らない成功法則を見つける、前人未到の世界へ行くという行為は、それを追求する人にとってはプライスレスな世界なのでしょうが、**私たち一市民から**

すればただの「無茶」です。 使命感に追われた学者と怖い物知らずの冒険家に任せておけば十分。これだけ人類の歴史がある中で、わざわざ世界で最初のひとりになる必要はありません。

仕事でもそうで、大半のビジネスマンにとって重要なことはいかに安定して成果を出せるかです。そうだとすると、誰もやったことがないことに時間と労力をかける生き方は「今回の人生ではいいや」と思うのが自分孝行になります。人生が何回もあるならいつか挑戦したいですが。

そもそも「新しい」という言葉を「初めてである」と解釈すれば、「何が」「誰にとって」初めてなのかで選択肢は増えます。お客様にとっての初なのか。使い方が初なのか。業界初なのか。ようは古いものを使っても、「新しい」は作れるはずです。

ビジネスに前人未到は不要

5 安定とはいつでも稼ぐことができること

強みを持つことはいいことですが、ときに強みは弱みに転化します。時代の嗅覚と斬新なアイデアで手掛けた広告は必ず話題になったような人です。

かつて売れっ子のコピーライターだった人がいたとします。最盛期は多忙を極めたものの、コピーライティングは数をこなす時間給なので一生遊べるほどの大金は手にしていません。さらに、時代の流れに伴い作品の反応も落ち始め、制作依頼も減ってきました。

そのライターが生活を続けるためには、過去の成功体験を捨てられるのかどうかにかかってきますよね。実績を活かして執筆やセミナーでお金を稼ぐ方法もあれば、若い人を雇ってプロダクションを立ち上げるのもいいでしょう。

ただ、そこで過去にチヤホヤされた自分が足かせとなって次の行動に移せない

なら、それは強みが弱みになっている状態です。

大企業に勤める人も同じです。本来、安定とは大企業で働くことではありません。会社が無くなってもすぐにお金が稼げる状態にあることが真の安定のはずです。もし大企業で働くことが強みだと思って努力を怠っているとしたら、強みが弱みになっている証拠です。

かつて恐竜は体を大きくすることで生存競争を勝ち抜きました。地球上のどこにいってもエサに困りません。しかし、結局は隕石の衝突によってエサが激減し、大きな体がアダとなって滅んでいきました。生き残ったのは適応力が高かった小さな動物ばかり。

本当の強みとは再現性のあるものです。環境が変わっても消耗せず、仮にすべてを失ってもそこから這い上がっていけるという自信を身につけましょう。

真の強みとは幅広い条件で適用できるもの

6 「明日をどう良くするか」だけを考える

かつて私の会社では、使っていた顧客データベースが誰でも閲覧できる状況にあったことが判明し、マスコミにも取り上げられてエライ騒ぎになったことがあります。学生時代には株で数千万円の借金を背負う経験もしましたし、それ以外にも何度か破算経験をしています。

そこでつくづく学んだことは、人生には山谷があるということです。

いくら管理をしようと思っても、ふって湧いたように災難に見舞われることもあれば、日に日に状況が悪化するのを傍観せざるを得ないときもあります。

でも、それが人生です。

当事者の目線で言えば、起きてしまったことはしょうがないのです。過去は変えられない。そのときはショックを受けるでしょうが、そこで泣き続けても状況はまったく変わりません。

だとしたら、**いかに早く起き上がるか、今の状況より明日を良くするにはどうしたらいいのか。集中すべきはその1点だけです。**

悲劇の主役として悲しみに打ちひしがれてしまうと、どんどん視野が狭くなって、さらに深みにはまってしまう恐れがあります。

反射と判断は違います。反射はコントロールできませんが、どう判断するかは自分次第。そこで「自分にとってのゴールは幸せになることだ！」と思うことができれば、「今自分がいるのは谷底であり、幸せをつかむためのウィニングロードはここから始まるのだ」と意識を変えることができます。

仕事で絶体絶命の状況に追い込まれたとき、社員に向かってよく言う言葉があります。

「俺たち、この状況を乗り切ったらレジェンドだよね！」

まさにヒーローズジャーニー。ピンチの局面で正義の味方が勝つからこそ、ヒーローものの映画は面白いのであって、百戦百勝ならつまらない。

スティーブ・ジョブスは1985年、自分が立ち上げたアップルを追放されるという経験をしています。そして11年の歳月を経て復活し、現在のアップル黄金期を築きあげることになりました。その成功の裏に過去の挫折経験があるのは間違いありません。だからこそ美談として語り継がれます。

しかし、当のジョブスにしてみれば、追放を言い渡された直後はきっとこう思ったでしょう。「うわー、マジかよ。どうしよう……」。

11年後に復活できると分かっていればショックを受けることもないですが、天才ジョブスでも神の目線は持っていません。

何か辛いことがあったら、そこから必死に這い上がることだけを考える。そのときの経験はいつか活きます。

Connect the dots（点と点をつなげ）

7 人生の北極星はいらない

自己管理というとタスク管理のイメージを持つ人が多く、「10年後、これを成し遂げたい」「死ぬまでにお金をいくら稼ぎたい」といった自分目線の発言が目立ちます。

自己管理の目標が「何を成し遂げたい」「稼ぎたい」といった、限定的なものになってくると、とたんに毎日が窮屈になります。ましてやそれを人生の目標にしていいのかと。

目標には3種類あります。

BE（どういう人でありたいか）

＜

DO（何をしたいのか）

＜

ＨＡＶＥ（何を手にいれたいか）

ＢＥが幹なら、ＤＯが枝で、ＨＡＶＥが葉っぱ。

「成し遂げる」「稼ぎたい」といった目標はＨＡＶＥに過ぎません。ＤＯとＨＡＶＥの目標をたくさん持つことはいいことですが、それが人生の目標なのかと言ったら少し違うのでは。

目標は可変です。とくに若い人ほどゴールは変わってもいいのです。

一流の人は今の自分に満足していませんし、世の中には自分の知らない世界がいっぱいあることも知っていますし、今の自分が見ている世界は、ちっぽけな自分の世界観が映し出しているものに過ぎないことも知っています。だから、目標も変化していって当たり前だと分かっています。短期、中期の目標は持っても、人生における北極星のような長期目標はめったに立てません。

あえて人生の目標を立てるなら、ＢＥの部分。

幹の部分なら、人生観を変えるようなインパクトがない限り簡単には変わらないはずなので、今からでも立てられます。

私は「筋を通す人であること」をひとつの目標にしています。私にとってこの目標は**「一生をかけて目指したい」と思っているものではなく、「一生をかけて続けたい」と思っているものです。**

自己管理はタスク管理ではない

自己管理とは究極を言えば、大きな目標を実現するために悪い習慣をやめて良い習慣を取り入れることに過ぎません。決して、タスク管理やスケジュール管理のことではありません。

「大きな目標」とは汎用性が高いという意味。理想を言えばＢＥ。こんな人間でありたいという長期の目標です。大きな目標を実現するための選択肢は無限にあるので、自己管理とは本来、自由度が高く、楽しいものです。

より良い人生を送るために、上手く自己管理を使いこなしてください。

おわりに

「お前やばいね。あと半年したら抜けられなくなるよ」

24歳のとき、恩人である投資家に言われたこの一言は今でも夢に出てきます。

会社の昼休みに私用で車を運転して、事故を起こして午後休を取るようなダメサラリーマンだった私。「オレはこんなもんじゃない」という現実逃避とも受け取れる言い訳をしつつ、「なんとなくこのまま大人になっていくんじゃないか」という不安も抱いていた時期でした。かといって何をしていいかもわからず、ネットサーフィンをしながら菓子パンを食べるのが毎日の楽しみ……。

そんなときに、冒頭の一言です。

本物のハンマーで頭を殴られていた方がまだ痛くなかったのではと思えるほどのすさまじい衝撃でした。

そこで私は気持ちを入れ替え、「30歳までに達成すること」をいくつか決めました。そのうち、目標を変更したものをひとつだけ除けばほとんど達成済で、唯一残っていた目標が、本を出すことでした。

30歳を目前に控えて、目標をすべてクリアしたことになります。


私は自他ともに認める自己管理マニアで、より成果を出せる習慣とは何かをいつも考えています。それこそ「朝って頭が働くわけだから、何度も昼寝をすれば終日頭が冴えているんじゃないの⁉」と思い立ち、昼寝を何度もしてみるトンデモ実験などを繰り返しつつ、自分の日常を組み換えてきた経緯があります。きっと今後も、より成果の出せる習慣があれば実践してみることでしょう。

そんな私の現段階での集大成を披露する機会が持てて、非常に光栄です。

本書で何度も触れましたが、この本はタスク管理を説く本ではありません。

「人生は思い通りには行かない。しかし、いつからだって変えることができる」という当たり前のことを当たり前に実現していただくために書いた本です。それができたときこそ、「自分の人生を所有できた」と言えるのではないでしょうか。

私のような若造が偉そうなことを言うのは今さらながら心が引けるのですが、

この本が読者の方の当たり前の生活、つまり習慣を、少しでも変えられる手助けになれば、著者冥利に尽きるというものです。

最後になりましたが、執筆にあたり幾度となく議論を交わしていただいた共著者の俣野成敏さん、そして執筆に不慣れな私を辛抱強くサポートしていただいた長谷川諒さん、郷和貴さん、そしてクロスメディアパブリッシングの小早川社長。事例として登場してくださった私のかけがいのない師匠たち、仲間たち。相変わらず朝から晩まで家にいない私を応援してくれるカミさん。

みなさんのおかげでこの本が出来ました。感謝感謝です！

といいつつ、私にとってはここからがスタート。

私だけでなく、この本を読んでいただいたあなたにとっても新たなスタートになって欲しいと願っています。

私はまだまだ夢半ば。自分の夢が不可能だなんて誰にも言わせるつもりはありません。そしてあなたにとっての夢も、同じです。

今は実現する手段がわからなくても、その夢が大きくても小さくても、本書の内容を実行していただいたら、きっとそれを実現できると信じています。

何年先になるか分かりませんが、この本を読んでくれたあなたがいつか本を出版したときに、私があなたの本を読んで「ものすごく面白かったです。サインしてください」と言える日がくることを楽しみにしています！

小川晋平

読者のみなさまへ特別のプレゼント

プレゼントその1　　特別対談音声（約40分間）

著者（小川晋平×俣野成敏）対談音声

著者2人が成果が出るようになったきっかけとは?
本書に書ききれなかった成果のコツを身につけられます。

プレゼントその2　　習慣を変える週報テンプレート（動画＋PDF）

成果が出てしまう週報プレゼント

本書に登場した週報のテンプレートを差し上げます。動画と合わせて確認いただくことで、成果が出る習慣が身につきます。

プレゼントその3　　1万冊の中から厳選された20冊を読み込め!

トップ0.02%の書籍まとめ

年間1000冊のビジネス書を購入する小川と、ビジネス書を10冊出版している俣野が、「人生を変えた書籍」を合計20冊紹介。
トッププレイヤーを作った本を是非アナタにも!

プレゼントその4　　著者に無料講演を依頼する権利

一流と触れ合う機会が一流を作る

10 人以上の勉強会・セミナー・講演会などに、小川や俣野を講師役として無料で呼ぶことができます。一流を呼ぶ力を、是非あなたにも!

いますぐ下記のURLにアクセスし、読者限定の4大プレゼントのチャンスを逃さないでください!!

http://savers-inc.com/shukan/

【著者略歴】
小川晋平（おがわ・しんぺい）
慶應義塾大学経済学部出身。17 歳の時にオンライントレードを始め、大学進学時には億を動かすデイトレーダーになるも、ライブドアショックでご破算に。借金を背負う。IT 系ベンチャー企業で SE として勤めたのち、他企業のオフィスを間借りして初期投資ゼロのコールセンターを 24 歳で起業。26 歳で六本木ヒルズにオフィス移転。28 歳で社外取締役含め 9 社に関与する。自身も時価総額日本 Top10 企業含む一部上場企業のコンサルタントとして活動。ライフワークとして起業家、起業志望者と「成果が出る習慣」を学ぶ『チーム 100』を主催。

俣野成敏（またの・なるとし）
1993 年、シチズン時計株式会社入社。リストラ候補から一念発起。社内起業での功績が認められ、33 歳でグループ約 130 社の現役最年少の役員に抜擢、さらには 40 歳で本社召還、史上最年少の上級顧問に就任する。この体験をもとにした『プロフェッショナルサラリーマン』（プレジデント社）を筆頭に、これまでの著作の累計は 20 万部を超える。2012 年独立。複数の事業経営や投資活動の傍ら、私塾『プロ研』を創設してプロフェッショナルサラリーマンの育成にも力を注いでいる。

一流《いちりゅう》の人《ひと》はなぜそこまで、習慣《しゅうかん》にこだわるのか？

2015 年 4 月 21 日　初版発行

発行　株式会社クロスメディア・パブリッシング
発行者　小早川 幸一郎
〒 151-0051　東京都渋谷区千駄ヶ谷 4-20-3 東栄神宮外苑ビル
http://www.cm-publishing.co.jp

発売　株式会社インプレス
〒 101-0051　東京都千代田区神田神保町一丁目 105 番地
TEL（03）6837-4635

■本の内容に関するお問い合わせ先 ……………… クロスメディア・パブリッシング
TEL（03）5413-3140　FAX（03）5413-3141
■乱丁本・落丁本のお取り替えに関するお問い合わせ先 ……………… インプレス　カスタマーセンター
TEL（03）6837-5016　FAX（03）6837-5023

乱丁本・落丁本はお手数ですがインプレスカスタマーセンターまでお送りください。送料弊社負担にてお取り替えさせていただきます。但し、古書店で購入されたものについてはお取り替えできません。

カバー・本文デザイン　上坊菜々子
編集協力　郷和貴
ISBN 978-4-8443-7406-0 C2034
印刷・製本　中央精版印刷株式会社

この本を読んだ方にお薦めの2冊

忙しくて運動する時間がなくても健康的に痩せる

一流の人はなぜそこまで、コンディションにこだわるのか？

上野啓樹・俣野成敏［著］
定価　1380円（税別）

外見へのこだわりは、即効性のある最も合理的な投資

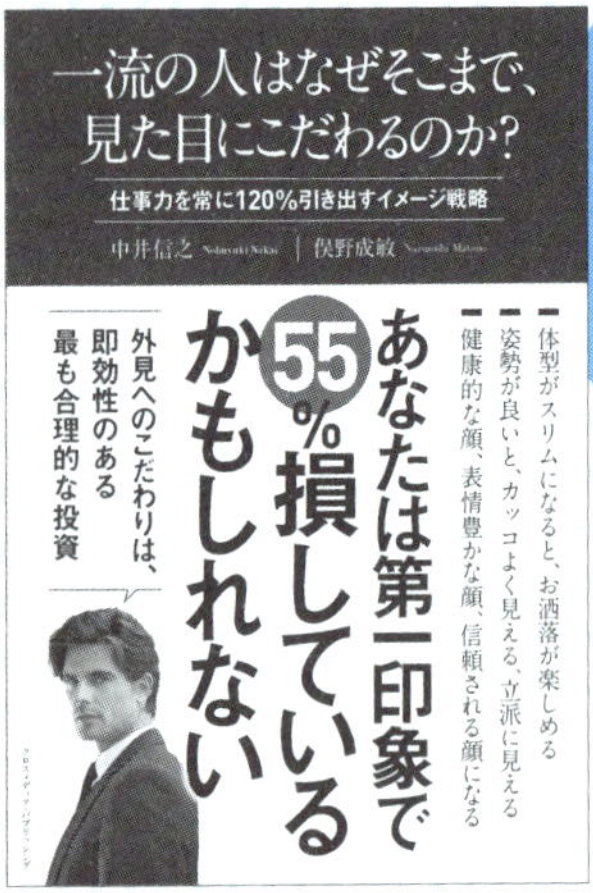

一流の人はなぜそこまで、見た目にこだわるのか？

中井信之・俣野成敏［著］
定価　1380円（税別）